PROTEGE LO QUE HAS GANADO

Una guía práctica para preservar tu patrimonio, proteger a tu familia y planificar el futuro

Karla Madrazo Villarreal
Madrazo Villarreal A.P.C.
www.madrazolaw.com

Primera edición, 2026

Publicado por Madrazo Villarreal APC

Chula Vista, California

Concepto de portada y dirección de arte: Karla Madrazo Villarreal. Diseño interior y producción del libro a cargo de Madrazo Villarreal APC. Conceptos de ilustración y dirección de arte: Karla Madrazo Villarreal.

www.madrazolaw.com

ISBN pasta blanda en español: 979-8-9973913-4-8

ISBN del libro electrónico en español: 979-8-9973913-3-1

Dedicatoria

A mi Poder Superior, a quien he entregado mi voluntad y mi vida, y bajo cuyo cuidado sigo encontrando dirección.

A mi padre, Ricardo, quien ha trascendido y sigue siendo mi mayor ejemplo e inspiración; a mi madre, Lolita, mi amada compañera de mil batallas, quien me dio raíces; y a mi hermano, Ricardo, quien comparte la historia de la que nacieron esas raíces.

A mi hija, Paulina, quien me inspira a perseverar y a salir adelante.

A Victoria, mi compañera de vida; y a Po, Cami y Juanjo, quienes llegaron a mi vida y ampliaron mi manera de entender la familia. Ustedes son la razón por la que las palabras protección, hogar y legado tienen para mí un significado tan profundo.

A Chava, mi padrino y mejor amigo, quien ha permanecido a mi lado con la verdad cuando la he necesitado, con paciencia cuando me he resistido y con sabiduría cuando he estado lista para escucharla.

Y a mis clientes, especialmente a quienes viven con silicosis, y a las familias que permanecen a su lado. Su valentía y confianza me recuerdan que aquello que protegemos nunca es únicamente patrimonio. Es tiempo, dignidad, amor y las personas que llevarán nuestra historia hacia el futuro.

Agradecimientos

Siento una profunda gratitud por el extraordinario equipo de Madrazo Villarreal APC. Su dedicación, profesionalismo, compasión y compromiso inquebrantable hacen posible que atendamos a cada cliente con cuidado, dignidad y propósito. Este libro refleja no solo mi trabajo, sino también el esfuerzo cotidiano de personas que creen que ejercer el derecho es, ante todo, una oportunidad para servir a los demás.

También agradezco a los numerosos abogados, mentores y profesionales del derecho cuyo ejemplo ha moldeado mi comprensión de lo que verdaderamente significan la excelencia, la integridad y el servicio. Debo un agradecimiento especial a los abogados y al personal de Brayton Purcell LLP, cuyo compromiso con sus clientes y cuya búsqueda incansable de la justicia han dejado una huella profunda en mi vida profesional. Su ejemplo me ha impulsado a ser una mejor abogada, una defensora más firme y una guardiana más responsable de la confianza que otras personas depositan en nuestra profesión.

Ningún abogado se forma en aislamiento. Todos somos el resultado de la guía, la generosidad y el ejemplo de quienes nos precedieron. Gracias por ayudarme a convertirme, cada día, en la abogada que sigo aspirando a ser.

Aviso legal

Este libro se ofrece únicamente con fines educativos e informativos. No pretende proporcionar asesoría legal, fiscal, financiera, de inversión, de seguros, médica ni de ninguna otra naturaleza profesional, y no debe utilizarse como sustituto de ella. La explicación de los principios jurídicos es general y puede no corresponder a tus hechos, circunstancias o jurisdicción particulares.

Salvo que se indique lo contrario, el análisis legal de este libro se basa principalmente en la ley de California según se entendía en la fecha de publicación. Las leyes, los reglamentos, las decisiones judiciales, las normas fiscales, las exenciones, los requisitos de presentación y las prácticas administrativas pueden cambiar, y la ley puede ser distinta en otros estados, territorios o países. No debes actuar ni dejar de actuar basándote únicamente en la información de este libro.

Leer este libro, comunicarte con la autora, visitar el sitio web de la autora o del despacho, o utilizar cualquiera de las listas, ejemplos o recursos descritos aquí no crea una relación abogado-cliente con Karla Madrazo Villarreal, Madrazo Villarreal APC ni con ningún abogado o profesional afiliado. Esa relación solo se forma mediante un contrato escrito de servicios profesionales firmado por el abogado o el despacho y el cliente.

Las historias, los nombres, los personajes y los ejemplos de este libro tienen fines ilustrativos. Salvo que se identifique expresamente lo contrario, son ficticios o combinaciones creadas para explicar conceptos generales. Cualquier semejanza con personas, empresas, acontecimientos, disputas o circunstancias reales es coincidencia. Ninguna afirmación de este libro debe entenderse como predicción, promesa o garantía de un resultado legal, financiero, fiscal o personal determinado.

Antes de tomar decisiones relacionadas con un plan sucesorio, un Trust, un testamento, un poder notarial, una Directiva Anticipada de Atención Médica, una designación de beneficiarios, un plan de sucesión empresarial, una cobertura de seguros, una inversión, una donación, una cuestión fiscal u otro asunto legal o financiero importante, consulta a un abogado autorizado en la jurisdicción correspondiente y, cuando sea apropiado, a un profesional calificado en materia fiscal, financiera, de seguros o de otra especialidad que pueda evaluar tus circunstancias individuales.

La autora y la editorial rechazan, hasta el máximo permitido por la ley, toda responsabilidad por pérdidas, daños, reclamaciones, costos o consecuencias derivados de confiar en la información de este libro o de utilizarla.

CONTENIDO

Sobre la autora

La historia detrás de este libro

Karla Madrazo Villarreal es abogada autorizada para ejercer en California y fundadora de Madrazo Villarreal APC, donde ayuda a personas, familias y empresarios a proteger aquello que les ha tomado toda una vida construir. También está autorizada para ejercer el Derecho en México, lo que le brinda una perspectiva única para asesorar a familias y negocios con intereses en ambos países.

A lo largo de su trayectoria profesional, Karla ha acompañado a personas en algunos de los momentos más importantes y difíciles de sus vidas. Ha comprobado de primera mano cómo una buena planeación puede preservar no solo el patrimonio, sino también la dignidad, la armonía familiar y la tranquilidad. También ha sido testigo del sufrimiento innecesario que suele surgir cuando las decisiones importantes se posponen o simplemente se dejan al azar.

Su experiencia profesional —y los desafíos personales que han marcado su vida— le han reafirmado una convicción muy sencilla: las decisiones más importantes que tomamos rara vez tienen que ver únicamente con el dinero. Tienen que ver con las personas que amamos y con el legado que deseamos dejarles.

De esa convicción nació este libro.

Su propósito no es convertir al lector en un experto en Derecho. Su propósito es ayudarle a comprender las decisiones que realmente importan, formular mejores preguntas y dar pasos concretos para proteger a las personas y el futuro por los que ha trabajado durante toda una vida.

Además de ejercer la abogacía, Karla dedica una parte importante de su tiempo a la educación jurídica de la comunidad. A través de conferencias, seminarios y recursos educativos, busca hacer accesibles conceptos legales complejos para que más personas puedan tomar decisiones informadas con confianza y tranquilidad.

Está convencida de que la planeación patrimonial no consiste únicamente en prepararse para la muerte.

Consiste en crear claridad mientras vivimos.

Consiste en proteger a quienes más amamos.

Y, sobre todo, es un acto de responsabilidad y de amor.

Introducción

El momento en que todo cambia

María estaba en la cocina de su mamá, sosteniendo una taza de café con el asa astillada y el dibujo del gato de la buena suerte casi borrado después de treinta años de lavadas. Para cualquier otra persona, la taza no valía nada. Para ella, era irremplazable. Entonces comprendió que no tenía idea de qué hacer después.

Su madre había fallecido once días antes. La casa guardaba un silencio que María nunca había conocido. No era el vacío habitual de un martes por la tarde, cuando su madre simplemente había salido. Era un silencio permanente, uno cuya forma María todavía no sabía reconocer. La casa —donde había crecido, a dos millas de donde ahora vivía con sus propios hijos— le pertenecía. También debía hacerse cargo de cuentas que nadie le había explicado por completo, de una póliza de seguro de vida cuya existencia descubrió cuando llegó una carta y de la llamada de un primo que, con delicadeza, ya preguntaba qué ocurriría con la casa. Su madre había trabajado como administradora escolar durante treinta y un años. Nunca había usado la palabra «patrimonio». Sin embargo, había dejado uno, y ahora le correspondía a María administrarlo con responsabilidad, se sintiera preparada o no.

Nadie la había preparado para esta parte. Esperaba el dolor, dentro de lo posible. Lo que no esperaba era la cantidad abrumadora de decisiones que ahora aguardaban una respuesta: decisiones cuya existencia desconocía hasta que, de pronto, le correspondió tomarlas, cada una con un peso que no se sentía preparada para cargar.

Este momento llega de manera diferente para cada persona. Para algunos, es la llamada que anuncia el fin de un litigio que parecía eterno. Para otros, es la transferencia que llega cuando por fin se firma la venta del negocio o el día en que la cuenta de retiro supera esa cifra que antes parecía lejana. Para María fue la cocina, una taza y una casa que exigían una decisión antes del viernes.

Puertas distintas, mismo umbral.

Quizá estás aquí porque por fin se resolvió un caso, porque vendiste el negocio que construiste durante décadas o porque una casa que ha pertenecido a tu familia por generaciones ahora está a tu nombre. Tal vez nunca has hablado con un abogado y la idea de crear un plan te parece intimidante, innecesaria o reservada para otras personas. Este libro es precisamente para ti.

Lo que te espera al cruzar ese umbral no es, en esencia, un problema legal, aunque tarde o temprano intervenga la ley. Es una cuestión de responsabilidad: la tarea repentina y desconocida de proteger algo en beneficio de quienes dependen de ti, ya sea que ese patrimonio haya llegado por un acuerdo, una venta, una herencia o cuarenta años de ahorro constante y disciplinado.

La mayoría reacciona igual: resolver el papeleo, encontrar el formulario correcto, firmar algo y hacer que la incomodidad de no tener un plan desaparezca lo más rápido posible.

Es comprensible, pero también es el instinto equivocado.

El papeleo nunca fue lo más importante. Un Living Trust, un poder notarial y un formulario de beneficiarios son herramientas, y su valor depende de lo que quieras construir con ellas. Un documento puede ejecutar una decisión, pero no tomarla por ti. La verdadera pregunta no es qué documentos necesitas. Es una pregunta más difícil y honesta: ¿qué quieres que ocurra con las personas y los bienes que están bajo tu responsabilidad si ya no estás aquí para encargarte?

Esa pregunta no aparece en ningún formulario. Debes resolverla mediante conversaciones, reflexión y, en ocasiones, desacuerdos con las personas que más quieres, antes de que cualquier documento pueda cumplir su función. Las personas no necesitan más documentos legales. Necesitan tomar mejores decisiones legales. Los documentos vienen después, como constancia de una decisión que ya se tomó con cuidado.

Los capítulos que siguen avanzan en un orden deliberado. Primero, exploraremos la psicología detrás de estas decisiones: por qué tener más dinero genera más decisiones, no menos, y por qué esas decisiones son emocionales antes que legales. Después veremos la estructura jurídica: Trusts, poderes notariales, directivas anticipadas de atención médica y el funcionamiento discreto del Probate. Luego abordaremos las presiones que con mayor frecuencia deshacen una buena planificación: la familia, el fraude, el divorcio y la responsabilidad civil. Más adelante examinaremos la complejidad particular de las familias reconstituidas y de los negocios de propiedad privada. Por último, veremos cómo mantener vigente un plan durante décadas, en lugar de archivarlo y esperar que todavía funcione dentro de veinte años.

Conviene aclarar algo desde ahora: los mecanismos legales que describo en este libro —Trusts, Probate y poderes notariales— reflejan principalmente la ley de California, porque ese es el marco sobre el que se construyen estos principios. Si vives en otro estado, considera lo que sigue como un mapa general del terreno y confirma el camino específico con un profesional autorizado en tu jurisdicción.

María no necesitaba un formulario ese viernes. Necesitaba comprender cuál era su verdadera responsabilidad y cómo se veía una buena decisión. Para eso existe el resto de este libro: no para sustituir a un abogado, sino para prepararte antes de consultar a uno. Así, cuando te sientes frente a un profesional calificado, podrás hacer mejores preguntas y tomar decisiones que entiendas y respaldes, en lugar de firmar algo solo porque alguien te dijo que lo hicieras.

Tal vez llegaste a este libro por un acuerdo, una venta, una herencia o décadas de ahorro constante. El papeleo será distinto según la puerta por la que hayas entrado. La responsabilidad de cuidar lo que has recibido será la misma.

Primera parte: El lado humano de la riqueza

Capítulo 1 — Las decisiones que el dinero no toma por ti

Tres semanas después de vender su empresa, Daniel estaba sentado en su auto, en el estacionamiento del supermercado, sin poder decidirse a entrar a comprar leche.

En realidad, nada había salido mal. La venta se había cerrado sin contratiempos. El dinero ya estaba en su cuenta. Su contador le había enviado un resumen, sus dos cofundadores ya habían empezado nuevos proyectos y Daniel había dedicado once años a construir algo que terminó valiendo exactamente lo que valía. Debería haberse sentido triunfante.

En cambio, sentía algo parecido al vértigo. No porque la cifra fuera difícil de entender —había preparado hojas de cálculo mucho más complejas—, sino porque, de la noche a la mañana, ese dinero había convertido cien pequeñas decisiones que antes se resolvían solas en preguntas abiertas. ¿Todavía necesitaba trabajar? ¿Debía decirles a sus padres la cifra real, o una menor, para que no se preocuparan ni empezaran a pedirle cosas? ¿Qué le debía a su hermano, quien le había prestado cuatro mil dólares durante el segundo año de la empresa y nunca volvió a mencionarlo? ¿Era ahora el tipo de persona que contrataba a un asesor patrimonial, o hacerlo lo convertiría en alguien que ya no reconocía?

Permaneció allí once minutos. Después entró, compró la leche y dejó todo lo demás para otro día.

El problema de Daniel no era la falta de información. Contaba con asesores competentes, tenía más conocimientos financieros que la mayoría de las personas de su edad y disponía de recursos suficientes para resolver cualquier problema concreto que se le presentara. El problema era que la riqueza no había simplificado su vida al eliminar decisiones. Había hecho casi exactamente lo contrario.

Antes de la venta, la mayoría de las preguntas que lo abrumaban en aquel estacionamiento ni siquiera existían, porque no había nada a lo cual aplicarlas. No puedes decidir cuánto darle a un hermano que te pide ayuda si no tienes nada que dar. Tampoco puedes preocuparte por quién heredará una casa que no posees, por lo que una demanda podría quitarte o por si la gente se acerca a ti por las razones correctas, cuando en la práctica no hay mucho en juego. Tener recursos modestos no solo limita lo que puedes hacer con el dinero; también reduce el número de decisiones urgentes que debes tomar sobre él. Durante la mayor parte de la vida de Daniel, decidir qué hacer con el dinero que le sobraba había sido sencillo, porque casi nunca le sobraba.

La riqueza —ya sea que provenga de una venta, un acuerdo, una herencia o décadas de ahorro disciplinado— no solo aumenta tus recursos. También introduce toda una categoría de decisiones que antes eran meramente teóricas y que, por lo general, aparecen de golpe y sin previo aviso, ante alguien que nunca ha tenido la oportunidad de practicarlas. Esa es la parte para la que casi nadie te prepara. No aprendes a tomar estas decisiones solo por ser inteligente o competente en otros aspectos de tu vida. Aprendes tomándolas, y la dificultad de este momento consiste precisamente en que todavía no has tenido la oportunidad de hacerlo.

Al examinarlas con cuidado, la mayoría de estas decisiones no tratan realmente sobre dinero. Casi todas se reducen a tres preguntas más antiguas y profundamente personales.

La primera pregunta es quién eres ahora y en quién podrías convertirte. La riqueza cambia —o amenaza con cambiar— la manera en que te ves: si sigues siendo la misma persona que creció con poco; si contratar ayuda significa convertirte en alguien distinto; si permitirte disfrutar de algo de lo que has logrado es generosidad contigo mismo o una traición a tus orígenes. También puede ser, de una manera más esperanzadora, la primera oportunidad real de preguntarte qué harías con tus días si la necesidad ya no dictara la respuesta. Esa posibilidad puede resultar casi tan inquietante como el miedo. De pronto, tienes mucha libertad de la cual hacerte responsable.

La segunda pregunta es qué les debes a los demás. La familia, en particular, no espera a que te sientas preparado. Un hermano te pide un préstamo. Uno de tus padres necesita ayuda, pero le cuesta pedirla directamente. Un amigo menciona, casi de pasada, una oportunidad que requiere exactamente la cantidad de dinero que ahora tienes. Cada situación pone a prueba una pregunta mucho mayor: ¿qué les debes realmente a quienes te conocían antes de que todo cambiara, y cómo honras esa responsabilidad sin perder lo que has construido?

La tercera pregunta es qué permanecerá después de ti. Debajo de las inquietudes inmediatas hay otra, más silenciosa y duradera: ¿qué pasará con todo esto cuando ya no seas tú quien lo administre? La mayoría de las personas pospone esta pregunta todo lo posible, porque exige imaginar su propia ausencia, algo que nadie disfruta hacer un martes cualquiera. También es la pregunta a la que este libro dedica más tiempo, porque es donde una buena estrategia legal puede ayudarte de manera directa.

El miedo está presente en las tres preguntas. No es una cuarta categoría, sino la corriente que dificulta enfrentarlas con calma. Miedo a elegir mal. Miedo a que te pidan algo y tener que decir que no. Miedo a decir que sí a lo equivocado. Más que cualquier cifra en una cuenta, el miedo suele ser lo que realmente permanece estacionado frente al supermercado.

Reconocer cuál de las tres preguntas estás enfrentando importa no solo en lo emocional, sino también en lo práctico, porque cada una requiere un tipo distinto de ayuda. Una cuestión de identidad rara vez se resuelve con un documento; suele necesitar una conversación con un terapeuta, un mentor o, sencillamente, tiempo. Una cuestión de responsabilidad hacia otra persona exige hablar directamente con ella, no recurrir a un intermediario. Solo la tercera pregunta —qué permanecerá después de ti— es una que un abogado puede ayudarte a resolver. Buscar la ayuda equivocada para la pregunta correcta, o no buscar ayuda alguna, es una de las principales razones por las que estas decisiones se paralizan.

Perspectiva de la abogada: Los clientes que más tardan en avanzar no son quienes tienen las finanzas más complejas. Son quienes todavía no han pronunciado palabras como «herencia», «Trust» o «acuerdo» frente a las personas a quienes esas decisiones afectarán. La parálisis rara vez tiene que ver con la ley. Casi siempre tiene que ver con una conversación que la ley está esperando.

Daniel no resolvió nada en el estacionamiento. Le tomó casi cuatro meses y un segundo momento de parálisis, esta vez más útil. Una noche, mientras su esposa levantaba los platos de la cena, le preguntó qué iban a hacer realmente con el dinero. No se refería a la estructura fiscal ni al asesor que contratarían, sino a cómo querían que fuera su vida a partir de ese momento. Daniel guardó silencio tanto tiempo que ella volvió a poner los platos sobre la mesa. No tenía una respuesta. Comprenderlo fue lo que finalmente le permitió avanzar. Cada decisión que había evitado pertenecía a una de las tres preguntas, pero él las trataba como si todas fueran igualmente urgentes, cuando casi ninguna lo era. Decidir si todavía necesitaba trabajar no era algo que tuviera que resolver ese día, aunque fuera la pregunta más ruidosa. Lo que le debía a su hermano tampoco era urgente; de hecho, su hermano nunca se lo había pedido. Lo único que sí requería atención inmediata era un formulario de beneficiarios de un antiguo empleo, que todavía nombraba a una exnovia con quien no hablaba desde la universidad. Daniel lo había ignorado durante cuatro meses, sepultado bajo el peso de preguntas que solo parecían más urgentes.

Distinguir la decisión real del ruido que la rodeaba resultó ser la mayor parte del trabajo. Las herramientas legales que explico en el resto de este libro —Trusts, poderes notariales, designaciones de beneficiarios y otras— están diseñadas para responder aspectos concretos de la tercera pregunta: qué permanecerá después de ti. Pero solo funcionan una vez que haces la misma distinción que Daniel terminó por hacer: separar lo que realmente es urgente de lo que solo se siente urgente, y reconocer, en voz alta, cuál de las tres fuerzas está guiando tus decisiones.

Distinguir la decisión real del ruido

Esta breve lista puede ayudarte cada vez que una nueva decisión sobre dinero parezca más pesada de lo que debería:

¿Esta decisión es realmente urgente o solo parece urgente porque es nueva?

¿Cuál de las tres preguntas —quién soy ahora, qué les debo a los demás o qué permanecerá después de mí— está impulsando mi indecisión?

¿He hablado de esto con las personas a quienes afecta o solo lo he pensado a solas?

¿Hay una tarea pequeña y verdaderamente urgente escondida debajo de la pregunta más grande que sigo evitando?

Reflexión

Piensa en tu propia versión del estacionamiento de Daniel: ese momento en que una decisión sobre dinero te pareció más grande que la cifra involucrada. ¿Qué temías en realidad: en quién podrías convertirte, lo que sentías que debías a alguien o lo que ocurriría cuando ya no estuvieras? Nombrarlo con precisión suele ser el primer paso para reducir su peso.

La pregunta difícil

De las tres preguntas de este capítulo —quién eres ahora, qué les debes a los demás y qué permanecerá después de ti—, ¿cuál llevas más tiempo evitando y qué te ha costado ya esa evasión?

Segunda parte: La arquitectura de la protección

Capítulo 2 — ¿Por qué un Trust y no solo un testamento?

Renata tenía un Trust. Llevaba tres años diciéndolo, desde que se dictó la sentencia en su caso y se reunió con un abogado para poner todo en orden. Tenía la carpeta que lo demostraba: un documento grueso, con su nombre en la portada, firmado ante notario, de apariencia oficial y guardado en el mismo cajón que su pasaporte.

Lo que no tenía —aunque no lo descubriría sino hasta dos años después— era una casa que realmente perteneciera al Trust. La escritura de su vivienda seguía únicamente a su nombre, exactamente igual que antes de entrar a la oficina de aquel abogado. El Trust existía. Simplemente no era dueño de nada.

Este es, por mucho, el error más común y costoso de la planificación patrimonial, y casi nadie lo comete a propósito. Ocurre porque firmar el documento del Trust se siente como terminar la tarea, cuando en realidad equivale a abrir un contenedor. El documento crea el contenedor. Nada entra en él hasta que los bienes —la casa, las cuentas, la participación en un negocio o cualquier otro activo importante— se transfieren legalmente de tu nombre al nombre del Trust. Si omites ese segundo paso, como tantas personas hacen sin darse cuenta, terminas con un documento costoso y bien redactado que no cumple la función para la que fue creado.

Para entender por qué esto importa, primero hay que comprender qué está diseñado para hacer un Trust y en qué se diferencia de un testamento.

Un testamento contiene instrucciones que entran en vigor después de la muerte y solo después de que un tribunal confirme su validez y supervise su cumplimiento. Ese proceso judicial se conoce como Probate. Por lo general, todo lo que poseas únicamente a tu nombre al fallecer debe pasar por Probate antes de llegar a las personas que elegiste, tengas o no testamento. El Probate es público y suele tardar cerca de un año, muchas veces bastante más. Sin embargo, no todos los bienes tienen que pasar por ese proceso. Las designaciones de beneficiarios, la copropiedad con derecho de supervivencia y los procedimientos simplificados que ofrece California para ciertos patrimonios pueden evitarlo. Conviene confirmar cada caso con un abogado, en lugar de asumir que el tamaño del patrimonio determina por sí solo el procedimiento. En California, los honorarios ordinarios del abogado y del representante personal se calculan por ley como un porcentaje del valor tasado del patrimonio, no según las horas trabajadas: cuatro por ciento de los primeros cien mil dólares, tres por ciento de los siguientes cien mil, dos por ciento de los siguientes ochocientos mil y porcentajes menores conforme aumenta el valor. El cálculo se hace sobre el valor total antes de restar la hipoteca. Por eso, una propiedad de alto valor, aunque esté muy hipotecada, puede generar honorarios desproporcionados frente al trabajo realizado. Un tribunal puede autorizar honorarios adicionales por servicios verdaderamente extraordinarios, pero la tarifa ordinaria depende del valor, no de la complejidad.

Un fideicomiso en vida funciona de manera diferente y desde antes. Lo creas mientras estás vivo, por lo general actúas como tu propio fideicomisario y —esta es la parte que la carpeta de Renata nunca llegó a mencionar— transfieres la titularidad de tus activos a nombre del fideicomiso. A partir de ese momento, el fideicomiso es el dueño legal de la casa, la cuenta y todo lo que hayas transferido. Sin embargo, mientras el fideicomiso sea revocable y tú sigas siendo el fideicomisario, conservas el mismo control práctico y uso de todos los bienes que tenías antes. Mientras el fideicomiso sea revocable y tú sigas siendo el fideicomisario, conservas el mismo control práctico y el mismo uso de todo lo que hay dentro. Este arreglo no saca tus activos de tu alcance. Lo que cambia es la forma en que se tramita la sucesión, no quién está a cargo día a día. Cuando fallezcas, no habrá vacío que llenar ni tribunal al que acudir, porque el fideicomiso nunca dejó de ser dueño de lo que poseía. Tu fideicomisario sucesor simplemente toma el relevo y distribuye los bienes tal como indica el fideicomiso.

Hay otra ventaja que casi nadie menciona, porque evitar el Probate suele recibir toda la atención: un Trust debidamente financiado también resuelve un problema que el testamento no puede atender, la incapacidad. El testamento no tiene efecto mientras estás vivo. Si sigues con vida, pero ya no puedes administrar tus asuntos —después de un derrame cerebral, durante una enfermedad prolongada o en cualquier periodo en que no puedas firmar documentos ni tomar decisiones—, el testamento no te ayuda. Un Trust financiado, en cambio, ya nombra a un Successor Trustee e incluye un mecanismo para que esa persona asuma la administración sin iniciar un proceso judicial de Conservatorship. La transición depende de lo que diga el documento; muchos Trusts exigen una determinación médica por escrito u otro paso concreto antes de que comience la autoridad del Successor Trustee. Aun así, el procedimiento permanece privado y se resuelve con el Trustee, el médico y los documentos que el propio Trust ya contemplaba, en lugar de comenzar desde cero ante un tribunal. El mismo mecanismo que protege a tu familia después de tu muerte puede protegerte mientras sigues vivo, pero no puedes actuar por ti mismo.

Nada de esto vuelve innecesario el testamento. Todo plan basado en un Trust necesita también un Pour-Over Will: un testamento breve cuya función es recoger los bienes que olvidaste transferir al Trust y dirigirlos hacia él después de tu fallecimiento. También sirve para nominar a un tutor para tus hijos menores de edad, algo que el documento del Trust no hace. El Trust es la estructura principal. El testamento es la red de seguridad, no su competidor.

Perspectiva de la abogada: La llamada más frecuente que recibo no es: «No tengo un Trust». Es: «Tengo un Trust; entonces, ¿por qué esta casa sigue en Probate?». El problema nunca fue el documento. Fue el trámite que nadie completó después.

Si tienes bienes fuera de Estados Unidos, un Trust creado bajo la ley de California no controla automáticamente los inmuebles ubicados en otro país ni evita los procedimientos sucesorios locales. Que pueda poseer, recibir o transferir esos bienes depende por completo de las leyes de propiedad, registro y sucesión de ese país. Algunos países reconocen la autoridad de un Trust extranjero sobre bienes raíces locales; muchos otros no, y las reglas varían considerablemente. Por eso, los bienes situados fuera del país casi siempre necesitan un plan separado, coordinado con un abogado que comprenda ambos sistemas. No debes asumir que un plan preparado aquí cruza automáticamente la frontera.

La omisión de Renata salió a la luz cuando su madre necesitó una cirugía de emergencia en otro estado y ella tuvo que vender rápidamente una pequeña propiedad de renta para ayudar a cubrir los gastos. Dos días antes del cierre, la compañía de títulos llamó: la propiedad seguía a nombre de Renata, no del Trust, y había que corregirlo antes de firmar. Renata leyó el correo dos veces hasta comprenderlo: el Trust que había pagado y guardado en un cajón durante tres años nunca había llegado a ser dueño del bien que ahora necesitaba vender con urgencia. La venta no quedó bloqueada; solo requirió una firma adicional y una breve demora mientras el papeleo alcanzaba la realidad que todos habían supuesto. Fue un inconveniente manejable porque Renata estaba viva, en condiciones de actuar y disponible para firmar. Si la misma omisión se hubiera descubierto después de su muerte, o durante un periodo en que no pudiera firmar, su familia habría enfrentado precisamente el Probate y la falta de autoridad durante su incapacidad que el Trust debía evitar. El contenedor había permanecido vacío todo el tiempo. Renata tuvo la fortuna de descubrirlo cuando todavía podía corregirlo.

¿Está realmente financiado tu Trust?

Si ya tienes un Trust, vale la pena verificar lo siguiente hoy, no algún día:

¿La escritura de tu casa nombra al Trust como propietario o todavía aparece únicamente tu nombre?

¿Tus cuentas bancarias y de inversión están tituladas a nombre del Trust, en lugar de limitarse a nombrarlo como beneficiario, que es algo distinto?

¿Existe un Pour-Over Will junto con el Trust y nomina a un tutor si tienes hijos menores de edad?

Si tienes bienes fuera de Estados Unidos, ¿lo has contemplado en un plan aparte?

¿Ha cambiado algo desde que lo firmaste —un matrimonio, un divorcio, un nuevo hijo, una mudanza a otro estado, una nueva propiedad— que el fideicomiso aún no haya incorporado?

Reflexión

Si tienes un Trust, ¿cuándo fue la última vez que confirmaste —no que supusiste, sino que confirmaste— cuáles bienes están realmente a su nombre? Si todavía no tienes uno, ¿qué te ha detenido: el costo, el papeleo o simplemente no saber por dónde empezar?

La pregunta difícil

Si mañana no pudieras administrar tus propios asuntos —no porque hubieras fallecido, sino porque no pudieras actuar durante seis meses—, ¿las personas que te quieren podrían intervenir de inmediato o necesitarían primero la autorización de un tribunal?

Capítulo 3 — ¿Quién decide cuando tú no puedes?

Carol y Frank llevaban treinta y cuatro años casados. Durante la mayor parte de ese tiempo hicieron lo que se supone que una pareja responsable debe hacer: pagar la hipoteca, aportar el máximo posible al plan 401(k) de Frank casi todos los años, evitar deudas y jubilarse según lo planeado. Su historia no incluía una fortuna inesperada, sino cuatro décadas de ahorro constante y poco glamoroso que, al llegar a los sesenta y tantos, les había permitido disfrutar de una jubilación verdaderamente cómoda.

Entonces, un martes por la mañana, Frank sufrió un derrame cerebral a mitad de una frase, mientras Carol estaba en la habitación contigua.

Sobrevivió y, con el tiempo, se recuperaría casi por completo. Pero durante las primeras semanas no podía hablar con claridad, firmar su nombre ni comunicar lo que quería que se hiciera. A lo largo de una semana interminable, Carol descubrió que llevar más de tres décadas casada con alguien casi no le daba autoridad legal sobre las cuentas individuales de su esposo. Podía administrar sin dificultad la cuenta de cheques conjunta. Pero no podía tocar la cuenta de jubilación de Frank, que estaba únicamente a nombre de él —como normalmente ocurre con los planes 401(k)—, ni para pagar la hipoteca, ni para cubrir la cuenta del hospital, ni para ningún otro propósito, sin la firma de Frank o la autorización de un tribunal.

Ninguna de las dos estaba disponible. Frank no podía firmar. Y ningún tribunal le había dado autoridad a Carol porque, hasta ese momento, nadie había tenido necesidad de pedirla.

Mito: Un poder notarial es algo que uno tramita más adelante, cuando ya es mayor.

Realidad: La incapacidad no verifica tu edad antes de aparecer. Los derrames cerebrales, los accidentes graves y las complicaciones de procedimientos rutinarios pueden ocurrir en cualquier etapa de la vida. Este documento importa tanto a los treinta y cinco como a los setenta y cinco años; la diferencia es que muchas personas de treinta y cinco todavía creen que no lo necesitan.

Un poder notarial duradero —Durable Power of Attorney— es el documento que autoriza a otra persona, llamada tu agente o apoderado, a actuar en tus asuntos financieros y legales si tú no puedes hacerlo. La palabra «duradero» es fundamental: un poder notarial ordinario que no contenga ese lenguaje termina automáticamente cuando te incapacitas, precisamente cuando más lo necesitarías. Por eso, el documento debe establecer expresamente que continúa vigente a pesar de tu incapacidad.

Hay dos maneras comunes de establecer cuándo comienza la autoridad de tu agente. Un poder notarial de vigencia inmediata entra en vigor desde que lo firmas, aunque todavía puedas administrar tus asuntos. Al principio puede resultar inquietante, pero en la práctica significa que la autoridad ya existe cuando se necesita, sin pasos adicionales. En cambio, un poder notarial condicionado a la incapacidad —conocido en inglés como Springing Power of Attorney— solo entra en vigor cuando un médico, o algunas veces dos, certifica que estás incapacitado. Puede parecer más prudente, pero también puede crear exactamente la demora que enfrentó Carol: localizar al médico adecuado, obtener la certificación y después convencer al banco de que la documentación es suficiente, todo en el momento en que actuar con rapidez es más importante.

California exige ciertas formalidades para que un poder notarial sea válido: debe estar debidamente firmado, fechado y, según corresponda, reconocido ante notario o firmado ante testigos. Un documento puede parecer completo y aun así fallar cuando más se necesita si omitió uno de esos requisitos. Esa es otra razón para prepararlo correctamente y mantenerlo accesible mucho antes de una crisis, no durante ella.

Sin un poder notarial, la única opción real de Carol era solicitar una Conservatorship: un proceso judicial para que la nombraran formalmente responsable de administrar los asuntos de Frank. El procedimiento requiere evidencia médica, una audiencia y, en California, informes periódicos al tribunal, en ocasiones durante años y a costa de la familia. Es un proceso público y rara vez rápido. En casi todas las situaciones comparables, un poder notarial debidamente otorgado es más rápido, menos costoso y mucho más privado.

También conviene entender lo que un poder notarial no hace. No determina qué ocurrirá con tus bienes después de tu muerte; esa función corresponde al Trust y al testamento explicados en el capítulo anterior. La autoridad de tu agente termina en el momento de tu fallecimiento. A partir de entonces, el Trust que financiaste —o el Probate de los bienes que quedaron fuera de él— toma el relevo. El Trust y el poder notarial cubren situaciones y etapas distintas de tu vida. Un plan completo necesita ambos, porque cada uno deja de tener autoridad justamente donde comienza la función del otro.

Elegir a tu agente es tan importante como tener el documento. Los agentes más confiables suelen reunir tres cualidades: son lo suficientemente organizados para manejar documentos bajo presión, están dispuestos a actuar en lugar de paralizarse y se encuentran en una posición práctica para responder con rapidez cuando sea necesario. Muchas personas nombran primero a su cónyuge y designan como suplente a un hijo adulto o a un hermano, por si la primera opción no está disponible, se incapacita al mismo tiempo o fallece antes. Nombrar al menos a un agente sucesor vale la pena: todo el plan depende de que alguien esté dispuesto y en condiciones de actuar cuando llegue el momento, y no hay garantía de que esa persona sea tu primera opción.

Hay otro acontecimiento que merece atención especial: el divorcio. En California, cuando el divorcio es definitivo, se revoca automáticamente la designación de un excónyuge como tu agente bajo el poder notarial. En general, eso ofrece protección. Sin embargo, también puede dejarte sin agente si nunca nombraste a un suplente, o transferir la función a una persona que elegiste años atrás y que quizá ya no elegirías hoy. Por eso, un divorcio debe llevarte a revisar el documento, no a confiar en que la ley ya resolvió todo por ti.

Para cuando Frank se recuperó lo suficiente para volver a firmar, habían transcurrido seis semanas. La petición de Conservatorship ya avanzaba en el tribunal y Carol había gastado varios miles de dólares en honorarios legales para obtener temporalmente la misma autoridad que un documento correctamente firmado le habría dado desde el primer día. Retiró la petición cuando Frank pudo actuar por sí mismo. Lo primero que hicieron después fue otorgar poderes notariales duraderos a favor del otro. Sentados lado a lado en la misma notaría donde décadas antes habían firmado los documentos de su hipoteca, nombraron a su hija mayor como agente sucesora de ambos.

¿Está realmente listo tu poder notarial?

¿Tienes un poder notarial duradero que establezca expresamente que continúa vigente si te incapacitas, o solo un documento informal que quizá no cumpla los requisitos actuales?

¿Tu agente tiene una copia del documento o este permanece en un cajón cuya existencia desconoce?

¿Algún banco o institución financiera lo ha revisado con anticipación, o tu agente tendrá que presentarlo por primera vez en medio de una crisis?

¿Nombraste a un agente sucesor por si tu primera opción no está disponible cuando sea necesario?

Si estás casado, ¿tu cónyuge también tiene un poder notarial que te nombra a ti, así como el tuyo lo nombra a él o a ella?

Reflexión

Si mañana te ocurriera algo como lo que le pasó a Frank aquel martes, ¿la persona que querrías a cargo tendría hoy la autoridad legal para actuar, o solo estás suponiendo que la tendría?

La pregunta difícil

¿A quién querrías confiarle las decisiones sobre tu dinero si no pudieras hablar por ti mismo? ¿Se lo has dicho directamente, con esas palabras, o estás suponiendo que ya lo sabe?

Capítulo 4 — Tu voz en la sala en la que no estás

Desde que Sofía tenía memoria, su papá había tenido opiniones firmes sobre casi todo: dónde comer, cómo acomodar los platos en el lavavajillas y cuál de sus tres hijos lo estaba decepcionando en ese momento. Sin embargo, en setenta y un años, nunca dijo qué querría que ocurriera si algún día un médico preguntaba si debían conectarlo a un respirador artificial.

Cuando una caída lo dejó en la unidad de cuidados intensivos, sin poder hablar, firmar ni expresar lo que quería, Sofía y sus dos hermanos terminaron reunidos en una sala del hospital. Ante los médicos, los tres tenían la misma posición legal y cada uno estaba convencido de conocer mejor a su papá.

No estaban de acuerdo. Marco quería intentar toda intervención médica posible. Sofía pensaba que su padre habría rechazado que las máquinas lo mantuvieran con vida sin una posibilidad real de recuperación. Diego, el menor, quería que alguien más decidiera para no sentir que la responsabilidad recaía sobre él. Nadie estaba equivocado por sentir lo que sentía. El problema era que ninguno sabía qué habría querido su padre. Tres hijos adultos que lo amaban tuvieron que adivinar, en tiempo real y en una sala del hospital, una decisión que ninguno podía tomar por sí solo y que juntos no lograban asumir.

Una Directiva Anticipada de Atención Médica —Advance Health Care Directive— cumple dos funciones, y conviene entenderlas por separado porque muchas personas solo piensan en la primera. La primera es nombrar a un agente de atención médica: la persona que tendrá autoridad legal para tomar decisiones médicas en tu nombre si tú no puedes hacerlo. Esto evita precisamente el problema que enfrentaron Sofía y sus hermanos. En lugar de tres personas con la misma posición y sin una manera de resolver el desacuerdo, hay una sola persona a quien la ley y el hospital reconocen como responsable de decidir.

La segunda función —y la que casi todos omiten— es dejar por escrito tus propios deseos: qué tratamientos aceptarías o rechazarías, cómo te sientes respecto al soporte vital y al control del dolor, y qué importancia das a la duración de la vida frente a su calidad. Nombrar a un agente responde quién decide. Expresar tus deseos responde en qué debe basar esa decisión. Una directiva que solo nombra a la persona todavía puede dejarla adivinando: tendrá autoridad legal, pero no más información de la que tenían Sofía y sus hermanos en aquella sala.

Cuando no has nombrado a un agente, la ley de California busca primero a una persona que hayas designado directamente ante el proveedor de atención médica; después, a un agente nombrado en una Directiva Anticipada de Atención Médica; y luego, a un Conservator o Guardian con autoridad médica nombrado por un tribunal. Esa secuencia solo funciona si alguna de esas personas existe. Si no existe ninguna, el hospital puede elegir a una persona adecuada entre tu familia y tus relaciones cercanas: tu cónyuge o pareja, un hijo adulto, uno de tus padres, un hermano, un nieto, otro familiar o incluso un amigo cercano.

La elección se basa en quién ha demostrado verdadero cuidado y participación, y quién conoce tus valores, no simplemente en el lugar que ocupa dentro de la familia. No existe un orden automático entre hijos adultos ni entre hermanos, como muchas personas suponen. Cuando tres hijos adultos están igualmente presentes y comprometidos, como Sofía y sus hermanos, la ley no resuelve el desacuerdo por ellos. Esa red de protección existe por una razón, pero no sustituye la decisión de nombrar a tu propio agente. Sin esa designación, el hospital podría elegir a alguien distinto de quien tú habrías escogido, y el conflicto entre varias personas igualmente calificadas puede volver aún más difícil un momento ya doloroso.

La mayoría de los hospitales y proveedores también está sujeta a la ley federal de privacidad médica, conocida comúnmente como HIPAA. Esa ley limita la información que pueden compartir, incluso con familiares cercanos, si no existe la autorización adecuada. Nombrar a un agente de atención médica y autorizarlo para recibir información médica son cuestiones relacionadas, pero no idénticas. Una directiva bien redactada suele incluir una autorización expresa para que tu agente pueda hablar con tus médicos y obtener la información necesaria. Conviene confirmarlo, en lugar de suponer que una autorización cubre automáticamente la otra.

Existe un segundo documento que conviene conocer, sobre todo si una persona ya está gravemente enferma o se encuentra en una condición de fragilidad: el POLST, sigla en inglés de Physician Orders for Life-Sustaining Treatment. Mientras la Directiva Anticipada de Atención Médica nombra a un agente y expresa deseos generales, el POLST es firmado por un profesional médico autorizado y funciona como una orden médica concreta. Los paramédicos y el personal del hospital pueden actuar conforme a él de inmediato, sin tener que localizar ni interpretar primero un documento más extenso. El POLST no reemplaza la directiva. Es una herramienta más específica para personas cuya salud ha llegado al punto en que lo que antes parecía lejano puede suceder pronto.

La ley de California también ofrece una protección automática después del divorcio: cuando el divorcio es definitivo, se revoca la designación del excónyuge como agente de atención médica. Pero «automático» no significa «revisado». La revocación puede dejarte sin ningún agente o transferir la función a una persona que nombraste como suplente años atrás y que quizá ya no elegirías hoy. El divorcio es precisamente el momento de volver a revisar este documento, no de suponer que ya se actualizó por sí solo.

El papá de Sofía falleció once días después. Con la ayuda del equipo de cuidados paliativos del hospital —personas acostumbradas a acompañar a familias en situaciones como esa—, los tres hermanos finalmente acordaron un camino. Ninguno quedó completamente en paz con la decisión, porque ninguno sabía si era realmente lo que su padre habría querido. Junto con la casa y los modestos ahorros que dejó, heredaron una culpa que no aparece en ningún estado de cuenta: el peso de haber decidido sin haber sabido nunca con certeza.

Cuatro meses después, Sofía preparó su propia Directiva Anticipada de Atención Médica. Nombró a su hija mayor como agente y a su hija menor como suplente. Después hizo la parte que casi todos omiten: sentó a ambas en la mesa de su cocina —la misma clase de mesa donde su padre solía criticar cómo acomodaba los platos en el lavavajillas— y les explicó, en voz alta y con palabras concretas, lo que quería. No porque el documento lo exigiera, sino porque acababa de aprender lo que ocurre cuando nadie tiene esa conversación.

¿Tu directiva está realmente completa?

¿Has nombrado a un agente de atención médica y a un suplente por si tu primera opción no está disponible?

¿El documento autoriza a tu agente a recibir tu información médica, además de tomar decisiones sobre tu atención?

¿Has entregado copias a tu agente, a tu suplente y a tu médico de cabecera, o el documento permanece en un cajón?

Si estás gravemente enfermo o en una condición de fragilidad, ¿también tienes un POLST o solo una directiva general?

¿Le has explicado a tu agente, con tus propias palabras y más de una vez, lo que realmente quieres?

Preguntas para conversar en familia

Estas no son preguntas para llenar un formulario. Son preguntas para una conversación real con la persona a quien nombrarías como tu agente:

Si existiera solo una pequeña posibilidad de una recuperación significativa, ¿querrías que los médicos intentaran todo o que concentraran la atención en mantenerte cómodo?

¿Hay alguna condición específica —como permanecer inconsciente de manera permanente o dejar de reconocer a quienes amas— que cambiaría tu respuesta?

¿En quién confías para interpretar tus deseos en una situación que nunca hablaron de manera específica?

¿Has dicho algo de esto en voz alta o solo lo has dejado por escrito?

Reflexión

Piensa en la última vez que hablaste con tu familia sobre cómo querrías que te cuidaran, no de manera abstracta, sino con detalles concretos. Si no recuerdas haber tenido esa conversación, no eres la única persona. Pero sí significa que quien sería tu agente actualmente tendría que adivinar tus deseos.

La pregunta difícil

Si tus hijos o hermanos terminaran en una sala como aquella en la que estuvieron Sofía y sus hermanos, ¿sabrían lo que tú querías? ¿O tendrían que construir su respuesta a partir del dolor y las conjeturas, en lugar de basarse en algo que tú les hubieras dicho claramente?

Capítulo 5 — Los errores silenciosos

Rubén había hecho una planificación seria y tenía la carpeta que lo demostraba: etiquetada con su letra cuidadosa y actualizada dos veces durante la década anterior a su muerte. La primera vez, después de volver a casarse. La segunda, tras el nacimiento de su segundo nieto. En ambas ocasiones se reunió con un abogado y se aseguró de que Marcus, la hermana de Marcus y su esposa Denise figuraran exactamente como él quería.

Lo que Rubén nunca actualizó, porque sencillamente no se le ocurrió, fue una cuenta de jubilación que había abierto en su primer empleo, cuando apenas tenía veintitantos años y faltaban décadas para que conociera a Denise. El formulario de beneficiarios que seguía archivado nombraba a Elena: su primera esposa, la madre de Marcus y de su hermana, de quien se había divorciado amistosamente treinta y un años antes y con quien no hablaba desde hacía más de una década.

Cuando Rubén falleció, esa cuenta —construida durante cuarenta años y valorada en poco más de doscientos mil dólares— pasó a Elena. No a Denise. Tampoco a Marcus ni a su hermana. El Trust no podía cambiar ese resultado, porque nunca tuvo autoridad sobre la cuenta.

Este error silencioso es más común y tiene consecuencias más graves de lo que muchas personas imaginan. La razón es comprensible: solemos pensar en el Trust como el documento principal, el lugar donde se decide todo. Por eso resulta fácil suponer que controla cualquier activo que lleve nuestro nombre. No es así.

Las cuentas de jubilación, las pólizas de seguro de vida y muchas cuentas bancarias o de inversión con una designación pagadera al fallecimiento —Payable on Death o POD— no pasan por tu Trust ni por tu testamento. Se transfieren por contrato, directamente, a quien figure en el formulario de beneficiarios que mantiene la institución. Esa instrucción permanece con el banco, la compañía de seguros o el administrador del plan, no con tu abogado. Cuando falleces, ese formulario generalmente controla el resultado, sin importar lo que diga tu Trust, cuándo lo actualizaste o lo que para entonces habrías querido. Nadie está obligado a comparar ambos documentos por ti.

Nota sobre la ley de California: *Las reglas de bienes gananciales de California añaden otra capa, distinta de la ley federal. El dinero ganado o ahorrado durante el matrimonio suele pertenecer a ambos cónyuges, aunque solo uno aparezca en el formulario de beneficiarios. El formulario determina quién recibe los fondos, pero las reglas de bienes gananciales todavía pueden afectar quién era dueño de ellos desde el principio. Además, los planes de jubilación patrocinados por un empleador y las cuentas IRA no siempre siguen las mismas reglas. Algunos planes exigen el consentimiento escrito del cónyuge para nombrar a otra persona como beneficiaria, y esa exigencia federal puede prevalecer sobre la ley estatal. Las cuentas IRA suelen funcionar de manera distinta. Por eso, cada cuenta debe revisarse por separado: los documentos del plan, el formulario vigente y, después de un divorcio, cualquier orden judicial aplicable. Nunca debes asumir que todas funcionan igual.*

La versión más común de este error sigue un patrón conocido: un divorcio, un nuevo matrimonio, un hijo y una cuenta o póliza antigua que nadie vuelve a revisar. Actualizar el Trust parece haber resuelto todo, mientras el formulario de beneficiarios se siente como un trámite que quedó terminado años atrás.

Otra variante es nombrar directamente a un hijo menor de edad como beneficiario. Por lo general, un menor no puede recibir ni administrar una suma considerable, de modo que los fondos terminan bajo supervisión judicial hasta que cumple dieciocho años. Entonces recibe todo de una sola vez, sin distribuciones escalonadas ni el criterio de un Trustee, aunque tú nunca hubieras elegido entregar tanto dinero de golpe a una persona de esa edad. Nombrar un Trust adecuado para beneficio del menor puede evitar ese resultado. Sin embargo, las cuentas de jubilación requieren un análisis fiscal específico antes de designar un Trust como beneficiario, porque las reglas sobre el plazo para retirar una cuenta heredada pueden ser menos favorables que cuando se nombra directamente a una persona. Esta decisión debe coordinarse entre un abogado y un profesional fiscal, no resolverse con una regla general aplicada por igual a todas las cuentas.

Todo bien que no esté cubierto por una designación válida de beneficiario ni se encuentre a nombre de tu Trust queda sujeto al Probate, tal como explicamos antes. Esta es la otra mitad del problema de coordinación: no solo existen formularios desactualizados que contradicen tu intención, sino también bienes olvidados que nunca entraron en ninguno de los dos sistemas y que, por falta de revisión, terminan en el camino más lento, público y costoso.

Los bienes inmuebles añaden otra consideración importante. Una propiedad situada en otro estado o país que no esté en tu Trust normalmente requerirá un procedimiento separado en el lugar donde se encuentra. En Estados Unidos, ese segundo proceso se conoce como Ancillary Probate. Puede ser necesario aun cuando el resto de tu patrimonio se administre correctamente mediante el Trust o el Probate de tu estado de residencia. Si la propiedad está fuera de Estados Unidos, el procedimiento dependerá completamente de las leyes locales. Como vimos antes, necesitarás la orientación de un abogado que conozca esa jurisdicción, no una respuesta general.

Marcus no pudo revertir lo ocurrido con la cuenta de su padre. El cheque a nombre de Elena ya había sido enviado cuando alguien detectó el problema, y ningún argumento legal podía cambiar el contenido del formulario. Lo que sí podía hacer era revisar sus propias cuentas. Al entrar en documentos que no examinaba desde que los abrió, encontró dos problemas: un antiguo plan 401(k) de un empleo que había dejado nueve años antes todavía nombraba a una exnovia con quien ya no hablaba, y la póliza de seguro de vida de su empleador actual no tenía ningún beneficiario designado. Cada póliza incluye una regla predeterminada para esa situación. Algunas pagan directamente al patrimonio; otras establecen un orden de familiares. La póliza de Marcus pagaba a su patrimonio. Si le hubiera ocurrido algo, el dinero habría pasado por Probate, justamente el resultado que su Trust buscaba evitar.

- ¿Tus documentos realmente coinciden?
- Obtén la designación vigente de beneficiarios de cada cuenta de jubilación, póliza de seguro de vida y cuenta Payable on Death que tengas. No confíes en tu memoria: revisa el formulario actual.
- ¿Cada designación coincide con la persona que elegirías hoy o todavía refleja una relación que ya cambió?
- ¿Algún menor aparece nombrado directamente, en lugar de un Trust creado para su beneficio?
- ¿Cada cuenta está cubierta por una designación de beneficiario o por tu Trust, o existe algún bien que podría terminar en Probate porque nadie decidió adónde debía ir?
- Si tienes bienes en otro estado o país, ¿se han incluido en un plan separado y coordinado?

Reflexión

La mayoría de las personas puede nombrar su Trust y su testamento sin vacilar. Muchas menos podrían decir, sin revisar los documentos, quién figura como beneficiario en cada cuenta de jubilación y póliza de seguro. Esa diferencia es precisamente donde se esconden los errores de este capítulo.

La pregunta difícil

Si fallecieras hoy, ¿alguna cuenta o póliza terminaría en manos de una persona con quien no hablas desde hace años, simplemente porque nadie volvió a revisar el formulario?

Tercera parte: Las presiones

Capítulo 6 — Cuando la familia y el dinero se cruzan

Tomás y su hermano Iván nunca habían tenido una pelea de verdad —al menos ninguna que durara más de un día—. Eso cambió once meses después de que Tomás recibiera el dinero de un acuerdo relacionado con la enfermedad pulmonar ocupacional que había desarrollado tras años de trabajo. Para entonces necesitaba oxígeno suplementario durante gran parte del día, pero seguía siendo la persona a quien su familia acudía cuando algo salía mal. Así que, cuando Iván le pidió prestados dieciocho mil dólares para mantener abierto su taller mecánico durante un invierno de pocas ventas, Tomás aceptó sin pensarlo dos veces.

No pusieron nada por escrito. Iván dijo que devolvería el dinero en un año y Tomás le respondió que no se preocupara. Ambos entendieron que esas palabras significaban algo, aunque después no estuvieron de acuerdo sobre qué exactamente. No hablaron de intereses, fechas de pago ni otras condiciones. No firmaron ningún documento. Eran simplemente dos hermanos que se querían, uno ayudando al otro de la manera más natural que conocía.

Un año después, el taller todavía atravesaba dificultades. Iván había devuelto cuatro mil dólares en efectivo, poco a poco y siempre con una disculpa. Tomás nunca le exigió el saldo, pero tampoco dejó de notar que faltaba. Para el siguiente Día de Acción de Gracias, los hermanos se trataban con una cortesía excesiva, casi ritual. El concentrador de oxígeno portátil de Tomás descansaba junto a su silla, tan incorporado a la rutina familiar que ya nadie le prestaba atención. Su madre no sabía explicar qué había cambiado entre sus hijos, pero todos en la mesa podían sentirlo.

Mito: *Decirle que no a un familiar que pide dinero es lo que daña la relación.*

Realidad: *La ambigüedad daña más relaciones que un «no» honesto. Una respuesta clara, aunque sea difícil, respeta a la otra persona porque le da algo concreto con lo cual actuar. Un «sí» sin condiciones, o un «quizá» que se prolonga durante meses, suele costar más que un «no» claro y expresado con respeto.*

Lo que ocurrió entre Tomás e Iván no se trataba realmente de los dieciocho mil dólares. Tampoco de si Iván había sido un buen o mal hermano por pedirlos, ni de si Tomás había sido generoso o imprudente al decir que sí.

El verdadero problema era que nunca compartieron una misma comprensión de lo acordado. Por eso, cada silencio posterior podía interpretarse como sospecha, culpa o resentimiento, según quién de los dos intentara entenderlo ese día.

Esta es la parte que casi nadie quiere escuchar: la mejor manera de proteger un préstamo entre familiares no es imponer límites más duros ni decir «no» con mayor frecuencia. Es dejar las condiciones por escrito, siempre, incluso cuando parezca innecesario o se sienta como convertir una relación familiar en una transacción comercial.

Un pagaré sencillo —un documento breve que indique el monto, si el dinero es un préstamo o un regalo, las fechas de pago y si habrá intereses— logra algo que un apretón de manos no puede: elimina las dudas. No es una señal de desconfianza. Es casi lo contrario. Permite que ambas personas conserven la relación sin llevar en silencio la cuenta de una deuda cuyas condiciones nunca acordaron.

Los intereses también importan por razones fiscales. Un préstamo sin intereses, o con una tasa inferior a la del mercado, puede generar consecuencias tributarias. Un préstamo como el de Tomás e Iván podría quedar sujeto a esas reglas. Por eso conviene revisar la tasa y la documentación con un profesional fiscal al preparar el pagaré, no después.

Parte de lo que volvió la situación más difícil fue que ninguno dijo en voz alta si el dinero era un préstamo o un regalo. Si vas a entregar dinero a un familiar y en realidad no esperas recuperarlo, es más amable llamarlo regalo desde el principio. Un regalo sin condiciones y con la conciencia tranquila es muy distinto de un préstamo que, con el tiempo, ambas personas rebautizan en silencio porque nunca se atrevieron a tener la conversación necesaria.

Los regalos de mayor cuantía también pueden generar obligaciones de declaración fiscal, aunque para la mayoría de las familias no produzcan un impuesto inmediato. En 2026, una persona generalmente puede regalar hasta 19 000 dólares a otra sin tener que presentar una declaración federal de donaciones. Sin embargo, ciertas circunstancias —como dividir el regalo entre cónyuges o transferir un interés futuro en lugar del uso inmediato del bien— pueden exigir una declaración incluso cuando el monto no exceda ese límite. Una pareja casada generalmente puede combinar sus exclusiones y regalar hasta 38 000 dólares a la misma persona, pero dividir el regalo de esa manera requiere presentar una declaración que lo documente. Dar más de la exclusión anual tampoco suele generar un impuesto inmediato. Normalmente exige presentar el Formulario 709 del IRS, y el exceso se descuenta de una exclusión vitalicia mucho mayor, que en 2026 es de 15 millones de dólares por persona. Estas cifras cambian con el tiempo y deben volver a verificarse antes de hacer un regalo importante.

El mismo principio se aplica a los amigos, quizá con todavía menos margen de error. Las relaciones familiares suelen contar con décadas de historia y un afecto casi incondicional capaz de absorber cierta ambigüedad. Las amistades, por cercanas que sean, normalmente no tienen el mismo respaldo. Un préstamo no documentado que sale mal puede terminar la amistad, precisamente porque no existe la sensación de permanencia que obliga a una familia a volver a encontrarse en la próxima celebración. El mismo documento breve que protege una relación familiar puede proteger aún más una amistad, porque en ella carga con una parte mayor del peso.

Fue la esposa de Tomás, no él, quien finalmente puso en palabras lo que estaba ocurriendo. Una noche lo encontró mirando el teléfono, con el nombre de Iván en la pantalla y otra llamada sin hacer, y le preguntó directamente qué creía que estaba protegiendo con ese silencio. Le señaló que la distancia entre los hermanos ya les estaba costando más de lo que dieciocho mil dólares podrían costarles. La semana siguiente, Tomás llamó a Iván, no para exigirle el dinero, sino para hablar del tema por primera vez desde el día en que se lo entregó. Juntos decidieron qué había sido realmente: seis mil dólares como regalo, sin condiciones ni futuras discusiones, y doce mil como préstamo con un plan concreto de doscientos dólares al mes, sin intereses y por escrito en un correo que ambos pudieran consultar. Las condiciones específicas importaban menos que el hecho de que, por fin, los dos habían aceptado las mismas.

Antes de que el dinero cambie de manos con familiares o amigos

- ¿Han dicho claramente si el dinero es un préstamo o un regalo, o lo dejaron abierto para que cada persona lo interprete de manera distinta después?
- Si es un préstamo, ¿existe un registro escrito del monto, las fechas de pago y los intereses, aunque sea un correo electrónico que ambas personas puedan consultar?
- ¿Has decidido qué harás si el dinero no se devuelve, antes de encontrarte en esa situación?
- ¿Estás diciendo que sí porque quieres ayudar o porque decir que no te resulta insoportable en este momento? ¿Un «no» claro y amable protegería mejor la relación que un «sí» ambiguo?

Reflexión

Piensa en una ocasión en que intercambiaste dinero con alguien que quieres sin hablar claramente de lo que significaba. ¿Dónde terminó viviendo la ambigüedad: en un documento o en el silencio de la siguiente reunión familiar?

La pregunta difícil

Si continuaras diciendo que sí a cada petición familiar, ¿podrías hacerlo indefinidamente? Y, si la respuesta es no, ¿la otra persona lo sabe o sigue actuando conforme a una suposición que nunca has corregido?

Capítulo 7 — Cómo reconocer a quienes buscan aprovecharse de ti

Gloria había sido enfermera durante treinta y seis años, una profesión que le había enseñado a leer rápidamente a las personas y a confiar en su propio criterio. Con su salario crió a dos hijos, terminó de pagar su casa y reunió ahorros para la jubilación de los que, con razón, se sentía orgullosa. No era una persona fácil de engañar.

Conoció a Derek en un seminario de «planificación para la jubilación» organizado en su iglesia y anunciado con un almuerzo gratuito. Él no la presionó ni le pidió nada durante meses. La llamaba para saber cómo estaba, recordaba detalles sobre sus nietos y parecía disfrutar sinceramente las conversaciones sobre su esposo fallecido. Cuando finalmente mencionó una oportunidad de inversión —un fondo privado que, según él, había rendido once por ciento anual durante seis años, con rendimiento garantizado y disponible solo para un pequeño grupo de clientes que él atendía personalmente—, Gloria ya lo conocía desde hacía casi un año y confiaba en él casi tanto como en su propio médico.

> ***Mito:*** *Las personas que caen en estafas son descuidadas o poco inteligentes.*
>
> ***Realidad:*** *Las estafas más eficaces están diseñadas precisamente para engañar a personas cuidadosas e inteligentes, porque son quienes suelen tener ahorros que vale la pena perseguir y quienes nunca caerían ante una propuesta evidentemente apresurada o torpe. La paciencia, la calidez y una relación que parece genuina no demuestran que algo sea seguro. A menudo demuestran que alguien hizo su tarea.*

Ciertos patrones aparecen en casi todas estas situaciones, ya sea que la propuesta venga de un desconocido, de una amistad reciente o de alguien perteneciente a una comunidad de confianza.

La promesa de rendimientos garantizados es una de las señales de alerta más confiables en una inversión. Toda inversión legítima implica un riesgo real; por eso, su rendimiento es necesariamente incierto. Quien promete un rendimiento alto y garantizado —sobre todo uno apenas superior al mercado, lo bastante moderado para parecer creíble— está mintiendo o no entiende lo que vende. En ninguno de los dos casos deberías confiarle tu dinero.

La urgencia y la exclusividad son herramientas habituales de quienes buscan engañarte. Frases como «tienes que decidir hoy» o «solo está disponible para un grupo selecto» están diseñadas para quitarte lo que más puede protegerte: tiempo para pensar y la oportunidad de pedir una segunda opinión.

Una petición de guardar el asunto en secreto también es una señal de alerta, no una prueba de que la oportunidad sea exclusiva. Los profesionales legítimos suelen aceptar una segunda opinión porque no tienen nada que ocultar. Quien te desalienta de hablar con tu familia, tu contador o tu abogado te está diciendo, en la práctica, que la propuesta quizá no resista una revisión independiente.

Otro patrón merece atención especial: muchas estafas eficaces se desarrollan dentro de comunidades unidas por la confianza —una iglesia, una asociación cultural o profesional, o un vecindario cercano— porque el vínculo compartido presta al estafador una credibilidad que un extraño tendría que ganarse. El depredador utiliza como herramienta precisamente la fortaleza de la comunidad.

Gloria estuvo a punto de aceptar en ese momento. No la detuvo la sospecha: Derek le caía bien y no tenía una razón concreta para desconfiar de él. La detuvo una regla que se había impuesto quince años antes, después de cometer otro error de menor importancia: nunca mover dinero sin consultarlo primero con su hijo, sin excepciones, sin importar qué tan atractiva pareciera la idea ni cuánto confiara en quien la proponía.

Su hijo no conocía a Derek y tampoco tenía una razón particular para desconfiar de él. Hizo una sola pregunta, y fue la que importaba: ¿podía Derek proporcionar el número de registro de su firma ante los reguladores estatales o federales de valores? Cualquier profesional legítimo de inversiones debería poder ofrecer esa información con rapidez, y cualquier persona puede verificarla de manera independiente mediante una herramienta pública como FINRA BrokerCheck, sin depender de los documentos proporcionados por quien ofrece la inversión. Derek no pudo hacerlo. Dio varias explicaciones: estaba cambiando de firma, el fondo tenía una estructura distinta, enviaría los documentos pronto. Cada explicación sonaba razonable por separado. Juntas, no demostraban nada.

Esta vulnerabilidad aumenta precisamente en los momentos que aborda este libro: después de recibir un acuerdo, vender un negocio, heredar bienes o comenzar a disponer de los ahorros de jubilación. A veces esos acontecimientos pueden descubrirse mediante expedientes judiciales públicos, noticias locales o comentarios dentro de una comunidad pequeña. Y atraen exactamente el tipo de atención que Derek dedicó a Gloria durante casi un año. Ser más cauteloso después de recibir una suma importante no es paranoia. Es comprender el momento en que eres más visible.

> ***Nota sobre la ley de California:*** *California ofrece protecciones legales específicas frente al abuso financiero de personas mayores y adultos dependientes. Estas protecciones abarcan conductas mucho más amplias que un robo evidente y pueden permitir recursos que no siempre están disponibles en una demanda ordinaria por fraude.*

Existe además una forma más silenciosa de explotación financiera: la que comete alguien que ya está dentro del círculo de confianza —un cuidador, una nueva pareja o incluso un familiar—. Esa persona no presenta una sola oportunidad; gradualmente asume el control de las decisiones, las cuentas y el acceso, un paso pequeño a la vez, hasta que quien recibe la «ayuda» ya no sabe cuánto control ha cedido. Visto desde dentro, este patrón rara vez parece fraude. Al principio parece generosidad y apoyo, hasta que deja de serlo. Esta es otra razón para elegir con cuidado a tu agente bajo un poder notarial. La misma autoridad que te protege en las manos correctas puede ser utilizada en tu contra en las manos equivocadas.

Derek nunca presentó la documentación. Gloria no invirtió y, después de una última llamada cada vez más evasiva, no volvió a saber de él. Hasta hoy desconoce si el fondo era un fraude absoluto o un esquema de alto riesgo y sin licencia, presentado como algo más seguro de lo que era. Lo que sí sabe es que una regla establecida quince años antes —nunca tomar una decisión financiera importante a solas— protegió más de cien mil dólares de sus ahorros de jubilación frente a un hombre que le había caído sinceramente bien durante casi un año, hasta que llegó la única pregunta que no pudo responder.

Antes de confiar en la oportunidad

- ¿La persona que ofrece la inversión puede proporcionar de inmediato un registro o licencia que puedas verificar de manera independiente, no solo una tarjeta de presentación o documentos preparados por ella misma?
- ¿Alguna parte de la propuesta exige secreto, una decisión inmediata o que evites pedir una segunda opinión?
- ¿Los rendimientos se describen como garantizados, inusualmente altos o ambas cosas?
- ¿Has verificado la información mediante una fuente independiente que tú encontraste, en lugar de limitarte a la que te proporcionaron?
- Si recientemente recibiste un acuerdo, vendiste un negocio o heredaste bienes y esa información pudo hacerse pública, ¿estás actuando con mayor cautela precisamente porque este es el momento en que podrías atraer más atención?

Reflexión

Piensa cómo reaccionarías si una persona cercana te dijera, con respeto, que le preocupa una decisión financiera que estás considerando. ¿Podrías escucharla o te pondrías a la defensiva? Quienes son más vulnerables a una estafa sofisticada suelen ser quienes han dejado de permitir que alguien más cuestione sus decisiones.

La pregunta difícil

Si alguien en quien confías plenamente estuviera equivocado sobre algo tan importante, ¿tus propias precauciones te permitirían descubrirlo antes de entregar el dinero, o solo lo sabrías cuando ya fuera demasiado tarde?

Capítulo 8 — Cuando las relaciones cambian

Patricia y su exesposo, Greg, construyeron juntos una empresa de jardinería. Comenzaron con una sola camioneta y una lista de once clientes. Quince años después, el negocio contaba con veintidós empleados y una pequeña flota. Cuando se divorciaron, cuatro años atrás, el acuerdo fue, según ellos mismos, más amistoso que la mayoría: Patricia conservó la empresa, Greg se quedó con la casa y la mayor parte de los ahorros, y ambos decían a quien les preguntara que habían logrado terminar el matrimonio sin destruir la amistad.

Sin embargo, lo que el acuerdo resolvió claramente sobre el papel no se actualizó de manera automática en todos los demás documentos. Durante los meses posteriores al divorcio, cuando Patricia y Greg todavía mantenían una relación cordial, ella creó un Trust individual para conservar su propiedad exclusiva de la empresa. Al nombrar a un Successor Trustee, Greg le pareció la opción natural. Conocía el negocio casi tan bien como ella y, en ese momento, Patricia no confiaba en nadie más para asumir esa responsabilidad.

La decisión tenía sentido cuatro años atrás. Con cada año que pasó, tuvo menos. La empresa creció hasta convertirse en algo mucho mayor que el negocio que Greg había ayudado a construir, y la relación entre ambos se transformó poco a poco en la de antiguos colegas, no en la sociedad personal que había hecho natural su nombramiento. Nadie decidió expresamente que Greg debía dejar de ser el Successor Trustee. La elección simplemente permaneció porque nada obligó a Patricia a volver a examinarla.

Esta es la parte que pocas personas anticipan: una decisión completamente razonable cuando se tomó no incluye una fecha de vencimiento ni un recordatorio para reconsiderarla. El divorcio tampoco borra por sí solo todas las decisiones anteriores. Hace falta una revisión deliberada, y esa revisión solo ocurre cuando alguien vuelve al documento y lo examina con la vida actual en mente.

California sí ofrece algunas protecciones automáticas. Cuando el divorcio es definitivo, ciertas disposiciones de un testamento a favor del excónyuge quedan revocadas, salvo que el propio testamento establezca lo contrario.

Esto puede incluir regalos a favor del excónyuge y su nombramiento como albacea, Trustee u otro fiduciario. El testamento se interpreta entonces como si el excónyuge hubiera fallecido antes. Una separación legal que no termina el matrimonio no activa esta regla. Solo la activan el divorcio o la anulación.

La ley de California también revoca automáticamente otros nombramientos específicos. Cuando el divorcio es definitivo, el excónyuge deja de ser tu agente bajo el poder notarial y tu agente de atención médica bajo la Directiva Anticipada de Atención Médica. Pero «automático» no significa «confirmado». Nadie te envía un aviso cuando ocurre, y la única manera de saber cómo quedó tu plan es revisar los documentos.

California extiende una protección automática similar a ciertas transferencias que no pasan por Probate, pero no de manera uniforme. Allí se encontraba la segunda omisión de Patricia. Años antes del divorcio, cuando ella y Greg apenas comenzaban el negocio y querían protegerse mutuamente, Patricia había comprado una póliza personal de seguro de vida. La póliza era completamente suya: ella era la asegurada, pagaba las primas y la cobertura no pertenecía a la empresa. Greg había sido el beneficiario lógico en aquel momento. Después del divorcio, nadie volvió a pensar en la póliza. En general, las designaciones de beneficiarios de seguros de vida no quedan revocadas automáticamente por el divorcio bajo la ley de California. Por eso, una póliza como la de Patricia normalmente se pagaría conforme al formulario firmado años antes, sin importar lo que dijera la sentencia de divorcio ni lo que ambos quisieran para entonces. Algo semejante puede ocurrir, por una razón jurídica distinta, con ciertos planes de jubilación patrocinados por un empleador: la ley federal puede prevalecer sobre la regla estatal de revocación automática, de modo que el formulario que todavía nombra al excónyuge puede controlar el resultado. Este riesgo no es hipotético. Los tribunales han resuelto casos así y el excónyuge ha recibido los beneficios.

La situación de Patricia mostraba dos versiones del mismo problema. Nombrar a Greg como Successor Trustee no había sido una decisión equivocada. Había sido correcta en su momento y simplemente nunca se revisó cuando las razones que la sostenían dejaron de existir. La póliza de seguro de vida representaba otra clase de omisión: un documento olvidado durante años, todavía sujeto a la designación original y protegido por el tipo de regla que vuelve tan peligrosa la frase «seguramente el divorcio ya se encargó de eso».

Dado que las protecciones automáticas no abarcan todos los documentos de la misma manera, la regla más segura es sencilla: nunca confíes en que el divorcio actualizará por sí solo tu plan. Una vez que el divorcio sea definitivo, revisa y modifica expresamente tu Trust, tu testamento, tus poderes notariales, tu Directiva Anticipada de Atención Médica, las designaciones de beneficiarios de tus seguros de vida y cuentas de jubilación, y cada función que hubieras asignado a tu excónyuge.

> ***Perspectiva de la abogada:*** *A cada cliente divorciado le hago la misma pregunta: después del divorcio, ¿revisaste personalmente tu Trust, tus poderes notariales y cada designación de beneficiarios? No si supusiste que se habían actualizado, sino si lo confirmaste. Muchas personas creen que la sentencia resolvió todo. La ley revoca ciertos nombramientos de manera automática, pero no rediseña de forma segura y uniforme todo el plan. Adivinar qué partes quedaron cubiertas es una manera muy arriesgada de descubrirlo.*

Patricia descubrió ambas omisiones porque, después de un año especialmente bueno para la empresa, un nuevo abogado le pidió revisar todos sus documentos en lugar de limitarse a preparar otros nuevos. Allí aparecieron el nombramiento de Greg como Successor Trustee y la póliza de seguro de vida que nadie había examinado en años. Cuando Patricia llamó a Greg para explicárselo, él no se ofendió. Al contrario, pareció aliviado: nunca había querido asumir esa responsabilidad y tampoco se le había ocurrido plantearlo. Patricia nombró a su hermana como Successor Trustee, actualizó la designación del seguro de vida para coordinarla con su plan y envió a Greg un mensaje breve y cordial agradeciéndole que no lo complicara. Él respondió que se alegraba de que alguien finalmente lo hubiera notado.

Una vez que el divorcio sea definitivo

- ¿Has revisado tu Trust para identificar cualquier función que todavía corresponda a tu excónyuge —Trustee, Successor Trustee o agente—, y no solo la manera en que se distribuirán los bienes?
- ¿Has revisado el formulario vigente de beneficiarios de cada cuenta de jubilación y póliza de seguro de vida, ya que estos documentos podrían no actualizarse automáticamente aunque otros sí lo hagan?
- ¿Has confirmado —no simplemente supuesto— qué ocurrió con el poder notarial y la Directiva Anticipada de Atención Médica que nombraban a tu excónyuge, sabiendo que la revocación automática no viene acompañada de un aviso?
- Si el divorcio involucró un negocio, ¿su plan de sucesión todavía tiene sentido bajo la estructura de propiedad actual, no la que existía cuando se preparó?
- ¿Has confirmado los cambios directamente con las instituciones correspondientes —el banco, la compañía de seguros o el administrador del plan—, en lugar de suponer que el papeleo se actualizó por sí solo?

Reflexión

Si estás divorciado o tu matrimonio está terminando, piensa cuánto tiempo ha pasado desde que alguien revisó todo tu plan con una mirada nueva. Si la respuesta honesta es «desde antes del divorcio», no eres la única persona. Pero sí significa que alguien a quien ya no elegirías podría conservar una función importante, una autoridad real o un beneficio que nunca quisiste dejar vigente.

La pregunta difícil

Si mañana te ocurriera algo, ¿existe la posibilidad de que tu excónyuge —en lugar de tu pareja actual o de las personas que elegirías hoy— todavía conserve autoridad legal o reciba un beneficio económico que nunca quisiste mantener?

Cuarta parte: Proteger lo construido

Capítulo 9 — Demandas, responsabilidad civil y el papel de los seguros

Víctor había dedicado nueve años a convertir un solo contrato de limpieza en una empresa con catorce empleados e ingresos estables. Durante ese tiempo compró una casa modesta y acumuló buenos ahorros. Nada de eso tenía relación con la lluviosa tarde de martes en que apartó la vista durante dos segundos para leer un mensaje de texto y chocó por detrás contra un auto detenido en un semáforo. El otro conductor resultó gravemente lesionado y necesitó dos cirugías y meses de terapia física.

La póliza de auto de Víctor —la misma que tenía desde los veintiséis años y que, con el tiempo, solo había actualizado para cambiar los vehículos, nunca los límites de cobertura— ofrecía un máximo de cien mil dólares de protección por responsabilidad civil. Las facturas médicas del otro conductor, por sí solas, alcanzaron casi trescientos mil dólares, antes de considerar la pérdida de ingresos, el dolor y sufrimiento y cualquier otra indemnización que un tribunal pudiera conceder.

Así suele surgir la responsabilidad civil, con más frecuencia de lo que muchas personas imaginan: no necesariamente por ser dueño de un negocio ni por actuar con una imprudencia extraordinaria, sino por momentos cotidianos —un accidente de auto, un resbalón en un piso mojado, un perro que nunca había mordido a nadie hasta el día en que lo hizo— que coinciden con la existencia de bienes que un acreedor puede intentar alcanzar. A una demanda no le importa cómo construiste tu patrimonio. Solo importa que exista.

Mito: *Los bienes que están en un Living Trust quedan protegidos frente a las demandas.*

Realidad: *Un Living Trust revocable —el tipo de Trust analizado anteriormente en este libro— no protege tus bienes frente a tus propios acreedores ni frente a una sentencia en tu contra mientras estás vivo. Como puedes revocarlo y recuperar los bienes en cualquier momento, la ley generalmente sigue considerándolos tuyos para estos efectos. El Trust ayuda a evitar el Probate y facilita la administración durante una incapacidad. No fue diseñado para protegerte de una sentencia, y creer lo contrario puede convertirse en uno de los errores más costosos de este libro.*

Las pólizas estándar de auto y vivienda están diseñadas para cubrir riesgos ordinarios. Sus límites quizá parecían adecuados cuando las contrataste, pero no necesariamente han aumentado al mismo ritmo que tu patrimonio. Una póliza paraguas —Umbrella Policy— se coloca por encima de esas pólizas básicas y amplía la cobertura de responsabilidad civil, a menudo por millones de dólares y, en muchos casos, por un costo mucho menor de lo que la gente imagina en comparación con la protección que ofrece.

Si eres dueño de un negocio, también debes estructurarlo correctamente —por ejemplo, como una LLC o una corporación— y mantener esa estructura como exige la ley. El objetivo es que una reclamación contra la empresa no alcance automáticamente tus bienes personales y que una reclamación contra ti no alcance automáticamente los activos del negocio. La entidad comercial protege frente a una clase de riesgo; el seguro, frente a otra. Ninguno sustituye al otro. El accidente de Víctor no tenía relación con su empresa, y la estructura legal del negocio, por bien mantenida que estuviera, no habría protegido su casa frente a lo ocurrido aquel martes.

Hay una advertencia importante: nada de esto funciona de manera retroactiva. Transferir bienes a una LLC, regalarlos a familiares o cambiar su titularidad con el propósito de alejarlos de una reclamación que ya existe —o que razonablemente puedes anticipar— puede ser impugnado y anulado por un tribunal. El resultado no es automático, pero el riesgo es real y puede dejarte en una posición peor que si no hubieras hecho nada. La protección de activos debe establecerse antes de que surja el problema, no como reacción a él.

California también reconoce una exención de vivienda familiar — Homestead Exemption— que protege una parte del valor neto de tu residencia principal frente a ciertos acreedores que intenten forzar su venta para cobrar una sentencia. El monto protegido no es fijo. Generalmente se vincula al precio mediano de venta de viviendas unifamiliares en tu condado durante el año anterior, sujeto a un mínimo y un máximo establecidos por ley y ajustados con el tiempo. Es importante entender lo que esta exención no hace: no elimina la hipoteca ni impide que el prestamista ejecute la propiedad si dejas de pagar. Su función es limitar la cantidad del valor neto protegido que ciertos acreedores pueden alcanzar.

El caso de Víctor terminó resolviéndose dentro de los límites de su póliza, pero solo porque su abogado negoció con firmeza y las circunstancias lo favorecieron. Aunque las lesiones del otro conductor eran graves, el asunto se cerró por menos de lo que un jurado podría haber concedido en un juicio. Víctor no quiso depender de la suerte una segunda vez. La semana siguiente llamó a su agente de seguros —a quien llevaba once años pagando y con quien quizá había hablado tres veces— , contrató una Umbrella Policy de un millón de dólares por menos de lo que pagaba por su teléfono celular y, por primera vez en nueve años, le explicó cuánto había crecido realmente su negocio.

La versión de cinco minutos

Revisa deliberadamente los límites de responsabilidad civil de tus pólizas de auto y vivienda al menos una vez al año, no solo cuando cambie la prima.

Ajusta tu Umbrella Policy a tu patrimonio neto actual, no al que tenías cuando la contrataste.

Confirma que tu negocio esté estructurado y se mantenga conforme a la ley, no solo que se haya registrado una vez y después quedado en el olvido.

Recuerda lo que tu Trust no hace: durante tu vida, no protege tus bienes frente a tus propios acreedores.

Informa a tu agente de seguros sobre los cambios importantes en tu patrimonio y en tu negocio. No puede proteger aquello que desconoce.

Reflexión

Piensa en el último momento cotidiano —un segundo de distracción, un piso mojado, un perro suelto— que pudo haber terminado de otra manera. Tener seguro no significa esperar que suceda lo peor. Significa procurar que un instante ordinario no te cueste todo lo demás que has construido.

La pregunta difícil

Si mañana te ocurriera un accidente como el de Víctor, ¿tu seguro cubriría realmente lo que un tribunal pudiera conceder, o descubrirías por primera vez cuánto de lo que has construido nunca estuvo protegido?

Capítulo 10 — Cómo entender el panorama fiscal

Estela había trabajado como contadora durante treinta años antes de jubilarse, y precisamente por eso el error la sorprendió tanto. Entendía de impuestos. Lo que nunca se le ocurrió mencionar al asesor financiero que le recomendó convertir ochenta mil dólares de su IRA tradicional a una Roth IRA ese año fue que su madre también había fallecido esa primavera y que, al administrar el patrimonio, Estela había heredado y vendido algunas acciones.

Ninguna de las dos decisiones era equivocada por sí sola. Convertir una IRA tradicional a una Roth IRA antes de que las distribuciones obligatorias te coloquen en una categoría tributaria más alta puede ser una estrategia sensata. Vender acciones heredadas —a menudo con poca o ninguna ganancia de capital sujeta a impuestos, por las razones que explico más adelante— también puede ser una decisión razonable. El problema fue hacer ambas cosas en el mismo año sin considerar el efecto conjunto. La conversión y los demás ingresos de ese año, analizados en conjunto, colocaron a Estela en una categoría tributaria más alta de la que cualquiera de las decisiones habría producido por separado. Su asesor financiero no conocía la herencia. Su preparadora de impuestos no supo de las operaciones hasta la primavera siguiente, cuando preparó la declaración de un año que ya había terminado.

Mito: *Si tengo un patrimonio considerable, mi familia tendrá que pagar Estate Tax cuando yo fallezca.*

Realidad: *La exención federal del Estate Tax es tan alta que la gran mayoría de las familias estadounidenses, incluso muchas con un patrimonio considerable, nunca pagan ese impuesto. Los impuestos que con mayor frecuencia requieren planificación son el Income Tax y el Capital Gains Tax. Funcionan de manera distinta y alcanzan a muchas más personas.*

Hay un mecanismo fiscal que vale la pena entender porque protege silenciosamente a muchas familias: cuando heredas un bien que aumentó de valor —una casa, acciones u otras inversiones—, su base fiscal normalmente se ajusta al valor que tenía en la fecha del fallecimiento del propietario, en lugar de conservar el precio que esa persona pagó originalmente. Este ajuste se conoce como Step-Up in Basis. En términos generales, significa que el aumento de valor acumulado durante la vida del propietario no se grava como ganancia de capital para quien hereda. Esa es una de las razones por las que la venta de las acciones heredadas por Estela generó relativamente poco impuesto por sí sola. Para efectos fiscales, importaba principalmente el cambio de valor ocurrido desde la muerte de su madre, no las décadas de crecimiento anteriores.

California es un estado de bienes gananciales y, para las parejas casadas, puede ofrecer un beneficio adicional que normalmente no existe en los estados de propiedad separada. Cuando fallece uno de los cónyuges, los bienes que realmente califican como community property pueden recibir un Step-Up in Basis completo sobre ambas mitades, no solo sobre la parte del cónyuge fallecido. La palabra «califican» es fundamental. El simple hecho de que ambos nombres aparezcan en el título no convierte automáticamente un bien en community property para efectos fiscales. La respuesta depende de cómo se adquirió, se caracterizó y se documentó el bien. Por eso conviene conservar desde ahora registros claros sobre cuándo y cómo se compró cada activo y cómo está titulado, en lugar de intentar reconstruir esa historia cuando más se necesita.

También conviene distinguir tres impuestos que suelen confundirse. El Income Tax grava los ingresos que recibes cada año, independientemente del valor de tu patrimonio. El Capital Gains Tax grava, en términos generales, el aumento de valor cuando vendes ciertos bienes. El Estate Tax es distinto: es un impuesto federal que, para fallecimientos ocurridos en 2026, se aplica únicamente a patrimonios superiores a quince millones de dólares por persona, una cifra que el Congreso puede modificar. Las parejas casadas con frecuencia pueden conservar la exención no utilizada del primer cónyuge mediante un procedimiento llamado Portability. Para ello normalmente se requiere presentar oportunamente una declaración federal de Estate Tax, aun cuando no exista impuesto inmediato por pagar. Este tema debe plantearse pronto con un profesional fiscal, no dejarse a una suposición. California actualmente no impone un Estate Tax ni un Inheritance Tax estatal separado. Sin embargo, durante la administración, un patrimonio o un Trust que genere ingresos puede tener que presentar su propia declaración de Income Tax en California, además de cualquier obligación de los beneficiarios. Recibir la herencia en sí normalmente no genera impuesto. Lo que hagas con el bien después sí puede tener consecuencias fiscales.

Las cuentas de jubilación añaden otra capa de coordinación que ha cambiado de manera importante en los últimos años. Las reglas sobre cuándo un beneficiario que no es el cónyuge debe retirar los fondos de una cuenta heredada —y pagar Income Tax sobre esas distribuciones— son ahora menos flexibles que antes. Además, nombrar directamente a una persona o nombrar a un Trust puede cambiar la manera en que se aplican esas reglas. Este es precisamente el tipo de detalle que queda desactualizado con rapidez. La respuesta debe confirmarse con los profesionales que estén manejando tu planificación en ese momento, no depender únicamente de un libro.

El asesor financiero y la preparadora de impuestos de Estela nunca habían hablado entre sí, ni una sola vez, durante los seis años en que ella trabajó con ambos. Estela solucionó el problema la semana siguiente, no buscando nuevos profesionales, sino conectando directamente a las dos personas en quienes ya confiaba. Envió un correo, copió a ambos y escribió una sola línea al principio: «De ahora en adelante, hablen entre ustedes antes de que yo haga algo». No le costó nada adicional. Y el error no volvió a repetirse.

¿Está realmente coordinada tu situación fiscal?

¿Tu abogado, tu CPA o preparador de impuestos y tu asesor financiero se conocen, o cada uno trabaja con una visión incompleta de tus finanzas?

Antes de una decisión financiera importante —vender un bien, convertir una cuenta o tomar una distribución considerable—, ¿alguien revisa qué más ocurrirá durante ese mismo año fiscal?

¿Sabes, al menos aproximadamente, si tu patrimonio se acerca a la exención federal del Estate Tax, o estás planificando alrededor de un impuesto que probablemente no se aplique mientras pasas por alto los que sí pueden afectarte?

Si heredaste o esperas heredar bienes que aumentaron de valor, ¿entiendes cómo el Step-Up in Basis puede afectar el impuesto que pagarías si los vendieras?

¿Cuándo fue la última vez que revisaste tu plan específicamente por cambios en la ley fiscal, y no solo después de un acontecimiento importante en tu vida?

Reflexión

Piensa si tu abogado, tu contador y tu asesor financiero han hablado alguna vez entre sí, sobre tu situación, al mismo tiempo. Si la respuesta honesta es no, no eres la única persona. Pero sí significa que nadie tiene hoy el panorama completo.

La pregunta difícil

Si mañana tomaras una decisión financiera importante, ¿hay alguien cuya responsabilidad sea advertir cómo interactúa con todo lo demás, o la coordinación de tus asesores recae silenciosamente por completo en ti?

Quinta parte: Vidas complejas

Capítulo 11 — Familias reconstituidas

El papá de Beatriz volvió a casarse cuando ella tenía nueve años, dos años después de la muerte de su mamá. Según todos quienes los conocían, su segundo matrimonio fue verdaderamente feliz y duró veintiséis años, hasta que él falleció. Amaba profundamente a Diane, su segunda esposa, y también amaba a sus tres hijos del primer matrimonio. Cuando preparó su plan sucesorio, ya en sus sesenta, eligió lo que le pareció más sencillo y basado en la confianza: dejó todos sus bienes directamente a Diane. Entre ellos existía un entendimiento claro y sincero, expresado muchas veces con palabras parecidas a estas: «Lo que quede será para los hijos; tú lo sabes». Él confiaba en que ella, con el tiempo, dejaría una parte importante a Beatriz y a sus hermanos.

Diane lo decía en serio en aquel momento. Sin embargo, vivió diecinueve años más después de la muerte de su esposo. Durante ese tiempo construyó una vida plena, se acercó profundamente a sus propios nietos —hijos de una hija que había tenido antes de conocer al papá de Beatriz— y actualizó su plan sucesorio dos veces. Con cada revisión se alejó un poco más de la familia a la que se había unido décadas antes y se acercó a la familia con la que compartió sus últimos veinte años. Cuando Diane falleció, todo su patrimonio pasó a su hija y a sus nietos. Beatriz y sus hermanos no recibieron nada. No porque Diane hubiera decidido romper una promesa, sino porque esa promesa nunca se convirtió en una obligación legal, y diecinueve años pueden cambiar una vida, sus relaciones y hasta las intenciones más sinceras.

Lo que ocurrió en la familia de Beatriz es el error más común en la planificación de las familias reconstituidas. Y ocurre por una razón comprensible: dejar todo directamente al cónyuge sobreviviente parece la máxima expresión de confianza, y en cierto sentido lo es. Pero la confianza no es un mecanismo legal. Cuando los bienes pasan directamente al cónyuge sobreviviente, esa persona se convierte en su propietaria absoluta y puede modificar su plan sucesorio conforme cambie su vida, en cualquier momento y por cualquier motivo. Una promesa verbal, por sincera que haya sido cuando se hizo, no tiene el mismo peso jurídico que el documento firmado muchos años después.

Mito: *Después de mi muerte, mi cónyuge naturalmente se encargará de que mis hijos de una relación anterior reciban lo que yo quería dejarles.*

Realidad: *Las buenas intenciones no sustituyen una estructura legal. Cuando los bienes pasan directamente al cónyuge, esa persona puede cambiar su propio plan sucesorio en cualquier momento y por cualquier motivo. Si quieres garantizar que tus hijos reciban una herencia, sin importar cómo cambie la vida de tu cónyuge durante las décadas siguientes, esa garantía debe quedar incorporada en el plan, no depender de una promesa, por sincera que sea.*

La estructura diseñada para situaciones como esta suele llamarse Marital Trust o QTIP Trust. El nombre importa menos que su función. Puede proveer para el cónyuge sobreviviente durante toda su vida —mediante ingresos, el derecho a permanecer en la casa familiar y apoyo para sus necesidades razonables— sin darle la facultad de cambiar quién recibirá lo que quede al final. Cuando el cónyuge sobreviviente fallece, los bienes restantes pasan a las personas que el primer cónyuge nombró desde el principio, sin importar cuánto haya cambiado la vida del sobreviviente ni cuáles sean entonces sus propias preferencias.

Esta estructura solo puede aplicarse a los bienes sobre los que realmente tienes autoridad para decidir: tus bienes separados y tu mitad de los bienes gananciales adquiridos durante el matrimonio. No controla la mitad que pertenece a tu cónyuge. Esa parte sigue siendo suya y podrá dejarla como desee, independientemente de lo que establezca tu propio plan.

También conviene aclarar una suposición frecuente: en California, un hijastro normalmente no hereda de su padrastro o madrastra solo por la relación familiar, aunque hayan compartido décadas de vida. Existen excepciones limitadas, pero confiar en una de ellas no es un plan. El afecto y la convivencia no crean por sí solos derechos sucesorios. Si quieres que un hijastro sea tratado como un hijo para efectos de la herencia, debes nombrarlo expresamente en tu testamento o Trust. De lo contrario, esa intención puede no cumplirse, sin importar la cercanía de la relación.

Las familias reconstituidas a menudo abarcan más de un hogar y, en ocasiones, cruzan fronteras. Un padre o una madre con hijos que viven en México de una relación anterior, o un padrastro o madrastra cuya propia familia permanece allí, enfrenta otra capa de complejidad: un Trust creado en Estados Unidos no controla automáticamente los bienes situados en otro país ni garantiza por sí solo la manera en que una persona recibirá allí una herencia. La respuesta depende de las leyes del lugar donde estén los bienes o viva el beneficiario. Si tu familia o tu patrimonio cruza fronteras, el plan debe coordinarse con profesionales que conozcan ambos sistemas. No debes asumir que un plan preparado en California funcionará automáticamente en otro país.

Beatriz volvió a casarse. Tiene dos hijos de su primer matrimonio y un esposo a quien ama profundamente. No necesitó que nadie le explicara por qué dejar todo directamente al cónyuge no era suficiente: había vivido las consecuencias. Su propio plan utiliza la estructura que su padre nunca estableció. Su esposo estará protegido durante el resto de su vida, y lo que permanezca después está jurídicamente destinado a sus hijos. La semana en que firmaron los documentos, Beatriz le explicó la razón durante la cena. No era porque dudara de él. Era porque había visto lo que ocurre cuando incluso las personas con las mejores intenciones dependen únicamente de una promesa. Nadie puede exigir que una intención sobreviva décadas de un futuro imposible de anticipar. El documento ya contiene la respuesta.

¿Tu plan realmente protege a todas las personas que pretendes proteger?

- Si dejas bienes directamente a tu cónyuge, ¿han hablado con franqueza sobre qué ocurrirá con ellos después de su muerte? No se trata de lo que esperas que suceda, sino de lo que está legalmente garantizado.
- ¿Tus hijastros aparecen expresamente nombrados en los documentos, o estás suponiendo que la relación familiar les otorga derechos que la ley quizá no les reconoce?
- ¿Has considerado un Trust que proteja a tu cónyuge durante su vida y, al mismo tiempo, garantice que los bienes restantes lleguen a tus hijos?
- Si tu familia reconstituida abarca varios hogares o incluye familiares que viven fuera de Estados Unidos, ¿el plan aborda expresamente esa realidad o estás suponiendo que el documento principal lo cubre todo?
- ¿Has tenido con tu cónyuge una conversación franca, aunque sea incómoda, o todo depende de un acuerdo verbal que ambos podrían recordar de manera distinta con el paso del tiempo?

Reflexión

Piensa en lo que realmente sabes —no en lo que supones— sobre el destino de los bienes familiares después de la muerte de ambos cónyuges. Si la respuesta depende de la confianza y no de un documento, vale la pena reconocerlo con claridad, al menos ante ti mismo.

La pregunta difícil

Si tu cónyuge te sobreviviera veinte años y construyera una vida que hoy no puedes imaginar, ¿tus hijos todavía recibirían lo que deseas dejarles ahora, o solo lo que tu cónyuge quisiera dejarles entonces?

Capítulo 12 — Planificación para la próxima generación

Yolanda y David habían hecho casi todo bien. Dos años después de que Yolanda recibiera el dinero de su acuerdo, encontraron un abogado, crearon un Trust, transfirieron la casa a nombre del Trust y actualizaron las designaciones de beneficiarios. Lo hicieron todo de manera metódica, como las personas que deciden tomarse algo en serio. Entonces el abogado les hizo una pregunta y el proceso se detuvo durante catorce meses: si algo les ocurriera a ambos, ¿quién criaría a Emma y a Noah?

No era que les faltaran opciones. El problema era que elegir a una persona significaba imaginar, aunque fuera por un instante, un futuro concreto en el que ambos hubieran fallecido y sus hijos de cuatro y siete años necesitaran otro hogar. Todos los demás documentos del plan trataban sobre bienes. Esta decisión trataba sobre sus hijos sentados en una habitación, escuchando que sus padres no regresarían. Ninguno podía sostener la conversación sin que el otro cambiara de tema.

Esta es, por mucho, la parte que más evitan los padres de hijos pequeños. Y la razón no es descuido. Nombrar a un tutor exige imaginar el único escenario que todo padre se esfuerza por no imaginar. Los Trusts y los formularios de beneficiarios pueden sentirse abstractos. Esta decisión no.

Pero evitar la decisión no la elimina. Solo la traslada: de ustedes, hoy, con pleno conocimiento de sus hijos y de su familia, a un juez, después, sin ese mismo conocimiento. Si ambos padres fallecen sin haber nominado a un tutor, el tribunal decide quién criará a los hijos. Puede hacerlo después de una audiencia en la que varios familiares discrepen sobre quién es la persona más adecuada, precisamente cuando los niños menos pueden soportar una incertidumbre adicional.

> ***Perspectiva de la abogada:*** *La nominación de un tutor casi siempre es el último espacio que completan los padres de hijos pequeños, y a veces el plan permanece sin firmar durante meses por esa sola decisión. He aprendido a no apresurarlos. También he visto que, cuando finalmente tienen la conversación, la mayoría dice que fue mucho menos dolorosa que todo el tiempo que pasaron evitándola.*

Nominar a un tutor en tu testamento no elimina por completo la intervención del tribunal. Un juez todavía debe aprobar el nombramiento y, en circunstancias excepcionales, puede rechazarlo. Sin embargo, los tribunales suelen dar un peso considerable a la elección de los padres. En la práctica, la persona que tú nominaste tiene muchas más probabilidades de ser nombrada que alguien elegido sin conocer tus deseos.

La segunda decisión —no quién criará a tus hijos, sino cómo recibirán lo que les dejes— es distinta, pero también suele posponerse. Dejar bienes directamente a un menor crea la complicación que vimos antes: los fondos normalmente quedan bajo supervisión judicial hasta que cumple dieciocho años. Entonces recibe toda la suma de una sola vez, sin distribuciones escalonadas ni el criterio de un adulto sobre cómo administrarla.

Un Trust creado para beneficio de un menor ofrece una solución distinta. Tú eliges al Trustee —que puede ser, pero no tiene que ser, la misma persona que críe al niño— y estableces las condiciones. El Trust puede pagar educación y necesidades razonables durante su crecimiento, y entregar el resto por etapas a las edades que tú decidas, en lugar de poner toda la suma en manos de una persona de dieciocho años apenas alcanza la mayoría de edad. Algunos padres programan distribuciones a los veinticinco, treinta y treinta y cinco años. Otros prefieren una sola entrega a una edad posterior. No existe una respuesta universal. Lo importante es que sea una decisión tuya, no una regla predeterminada que nadie eligió.

Hay una situación que merece atención especial. Si un hijo u otro beneficiario recibe SSI, Medicaid u otro beneficio sujeto a límites de ingresos o recursos, una herencia directa o un Trust mal diseñado puede poner en riesgo su elegibilidad. Un Special Needs Trust —Trust para necesidades especiales— puede permitir que los bienes familiares continúen apoyando a esa persona sin sustituir involuntariamente los beneficios de los que depende. Este tema debe hablarse expresamente con un abogado; no debes suponer que un Trust estándar ya lo resuelve.

También conviene decidir de manera deliberada si el tutor y el Trustee deben ser la misma persona. En muchas familias lo son, y puede ser una opción razonable. Pero no es obligatorio. La persona en quien más confías para la crianza y la vida cotidiana quizá no sea la más preparada para administrar dinero. Otra persona, igualmente confiable, puede encargarse de los bienes. Separar las funciones no expresa desconfianza. Significa asignar cada responsabilidad a quien mejor puede cumplirla.

Lo que finalmente permitió avanzar a Yolanda y David no fue una fecha límite ni una conferencia del abogado. Fue una pregunta amable de la hermana de Yolanda durante la cena: ¿ya habían decidido quién sería el tutor? No los presionó. Preguntó como lo hacen las personas que nos quieren. Ese fin de semana terminaron la conversación. La hermana de Yolanda sería la tutora. Para el Trustee no eligieron automáticamente a la misma persona. Lo hablaron y decidieron nombrar al hermano de David, más hábil con una hoja de cálculo que con una rutina para dormir, y dispuesto a administrar el dinero sin tener que criar también a los niños. Llamaron a ambos para preguntar si aceptarían. Recibieron dos respuestas afirmativas y firmaron los documentos actualizados dentro del mes. Catorce meses de evasión terminaron en unos cuantos días, apenas se permitieron tener la conversación en lugar de seguir rodeándola.

Preguntas para la conversación que has estado evitando

Estas no son preguntas para contestar por separado ni para marcar casillas. Son preguntas para hacerse mutuamente, en voz alta: la conversación que Yolanda y David evitaron durante catorce meses.

- Si algo nos ocurriera a ambos, ¿a quién querrías que criara a nuestros hijos? ¿Es la misma persona que yo elegiría?

- ¿Se lo hemos preguntado directamente o solo suponemos que aceptaría?
- ¿La misma persona debe administrar el dinero y criar a los niños, o sería mejor separar esas responsabilidades?
- Si distribuiremos la herencia por etapas, ¿qué edades tienen sentido para nosotros, no por costumbre, sino después de pensarlo de verdad?

Reflexión

Si la conversación sobre el tutor es la parte de tu plan que sigues evitando, reconócelo sin juzgarte. Es una de las decisiones más difíciles y más pospuestas de todo este libro, por una razón profundamente humana. Llamarla evasión, en lugar de decirte que algún día llegarás a ella, suele ser el primer paso para finalmente avanzar.

La pregunta difícil

Si mañana algo les ocurriera a ti y al otro padre o madre de tus hijos, ¿existe una respuesta real y vigente sobre quién los criaría, o solo una conversación que todavía no han terminado?

Capítulo 13 — Transmitir lo que has construido

Durante treinta y un años, Fernando convirtió un solo espacio de trabajo en un garaje rentado en una empresa de reparación de automóviles con tres sucursales. Durante casi todo ese tiempo, su plan para el futuro del negocio le pareció sencillo y justo: dividirlo en tres partes iguales entre sus hijos. Luis, Camila y Rosa recibirían cada uno una tercera parte.

Parecía justo porque era igual. A su abogado le tomó quince minutos explicarle por qué esas dos cosas no significaban lo mismo.

Luis trabajaba en la empresa desde los diecinueve años. Dirigía dos de las tres sucursales y había rechazado otras oportunidades más de una vez porque suponía que algún día quedaría al frente de todo. Camila enseñaba matemáticas en una preparatoria. Rosa era enfermera. Ninguna de las dos había cambiado el aceite de un automóvil en su vida, ni tenía interés en hacerlo. Bajo el plan original de Fernando, los tres heredarían la misma participación, el mismo poder de voto y la misma autoridad sobre una empresa en la que dos de ellos nunca habían trabajado. Luis tendría que seguir presentándose cada mañana para dirigir a los empleados, cubrir la nómina y operar las tres sucursales, pero no tendría más autoridad que sus hermanas, a pesar de ser quien realizaba todo el trabajo.

> ***Mito:*** *Dividir un negocio familiar en partes iguales entre todos tus hijos es la forma más justa de transmitirlo.*
>
> ***Realidad:*** *La propiedad y la participación en el negocio son cuestiones distintas. Tratarlas como si fueran iguales suele dejar a todos insatisfechos: al hijo que dirige la empresa sin autoridad proporcional y a los hijos que heredan una participación en algo que no desean administrar. Lo justo con frecuencia consiste en dar a cada hijo algo acorde con su relación real con el negocio, no partes idénticas del mismo activo.*

Este es uno de los errores estructurales más comunes en la sucesión de una empresa familiar. Surge al confundir dos preguntas distintas: quién será dueño del negocio y quién lo dirigirá. La propiedad en partes iguales parece justa porque trata a todos los hijos de la misma manera. Sin embargo, administrar una empresa y poseer una participación pasiva representan relaciones completamente diferentes con ella. Aplicar la misma solución a ambas suele perjudicar tanto al hijo que hace el trabajo como a quienes no participan en la operación.

Un enfoque más deliberado separa ambas preguntas. Luis, quien realiza el trabajo cotidiano, puede recibir una participación de control o una estructura que le otorgue verdadera autoridad operativa —por ejemplo, acciones con derecho a voto o un cargo directivo formalizado en los documentos de gobierno de la empresa—, sin que esa autoridad dependa únicamente del porcentaje del valor económico que posea. Camila y Rosa todavía pueden recibir un valor económico significativo proveniente del negocio, o su equivalente, sin tener poder de voto sobre decisiones para las que no cuentan con experiencia ni interés.

Una forma común de equilibrar el plan es utilizar un seguro de vida. Si la empresa representa el activo principal del patrimonio, una póliza puede proporcionar a los hijos que no recibirán la propiedad un valor aproximadamente comparable. Así, todos reciben una herencia significativa, aunque no el mismo bien. Luis conserva la empresa que ya dirige. Camila y Rosa reciben un activo que pueden utilizar, en lugar de una participación fraccionada, difícil de vender y vinculada a un negocio que no desean administrar.

Otra herramienta importante, sobre todo si más de un hermano podría llegar a ser copropietario, es un Buy-Sell Agreement. Este acuerdo establece por anticipado qué ocurrirá si un propietario quiere retirarse, queda incapacitado o fallece. También puede definir cómo se valorará la empresa en esas circunstancias, para evitar que una disputa sobre el precio se convierta en una segunda crisis.

Una empresa con operaciones, proveedores o participaciones de propiedad al otro lado de la frontera con México añade una verdadera capa de complejidad: sistemas distintos de registro comercial, tratamiento fiscal diferente y, en ocasiones, reglas especiales sobre la propiedad extranjera de ciertos negocios. Si una parte de lo que has construido opera o pertenece a alguien en ambos países, el plan de sucesión debe coordinarse con profesionales que comprendan el derecho comercial y fiscal de México y Estados Unidos. No debes asumir que un plan preparado aquí cubrirá automáticamente toda la operación.

Fernando reunió a sus tres hijos un domingo y les explicó la decisión. No necesitaba su permiso, pero después de treinta y un años de repetir que todo sería «igual», consideró que les debía la misma franqueza al cambiar de rumbo. La única pregunta de Camila fue si Luis estaba bien llevando casi solo la operación diaria de las sucursales. Ninguna de las hermanas mencionó el dinero.

El plan revisado de Fernando otorgó a Luis una participación de control en la empresa y formalizó, en los documentos de gobierno del negocio, la función que ya desempeñaba. También utilizó una póliza de seguro de vida —con una cobertura aproximada al valor de una tercera parte de la empresa— para dejar a Camila y Rosa una herencia comparable en efectivo, libre de obligaciones relacionadas con el negocio. Luis todavía llama a sus hermanas cuando surge una decisión importante, no porque los documentos lo obliguen, sino porque quiere hacerlo. Eso es muy distinto de necesitar su voto.

¿Tu plan de sucesión refleja la realidad?

- Si más de un hijo pudiera heredar la empresa, ¿has separado la pregunta de quién la dirigirá de la pregunta de quién será dueño de una participación?
- ¿El hijo que realiza el trabajo tiene verdadera autoridad operativa, o solo un voto igual al de quienes no participan en el negocio?
- Si otros hijos no recibirán participación en la propiedad, ¿has utilizado otro activo —como un seguro de vida— para proporcionarles un valor comparable?

- ¿Existe un Buy-Sell Agreement u otro mecanismo que establezca qué ocurrirá si un propietario se retira, queda incapacitado o fallece?
- Si la empresa tiene operaciones o propietarios en más de un país, ¿el plan fue revisado por profesionales que conocen las leyes comerciales y fiscales de ambos lugares?

Reflexión

Piensa con honestidad cuál de tus hijos, si alguno, querría realmente dirigir lo que has construido. No quién supones que debería hacerlo por ser el mayor o por sentido de obligación, sino quién verdaderamente desea asumir esa responsabilidad.

La pregunta difícil

Si hoy dividieras la empresa en partes iguales entre tus hijos, ¿quienes realmente hacen el trabajo se sentirían como dueños o como empleados con más papeleo?

Sexta parte: Crear y mantener el plan

Capítulo 14 — Armar tu equipo professional

Antonio había heredado de su tío un pequeño edificio de apartamentos once años antes y lo había conservado durante años de aumento en su valor. Finalmente decidió venderlo cuando cumplió sesenta. Antes de firmar, hizo algo que le tomó unas dos semanas y que no cambió casi nada de la venta en sí: reunió a su abogado, a su CPA, a su asesor financiero y a su agente de seguros en el mismo hilo de correo electrónico.

El abogado advirtió que el edificio seguía a nombre de Antonio, no del Trust. Era una omisión de años atrás que nadie había detectado y que debía corregirse antes del cierre, no después. El CPA revisó el momento de la venta. Considerando todo lo demás que ocurría en las finanzas de Antonio ese año, vender en diciembre en lugar de enero le ahorraría una cantidad importante al evitar que distintos ingresos se acumularan en un mismo año fiscal. El asesor financiero señaló que, una vez recibidos los fondos, una de las cuentas de Antonio superaría un nivel que justificaba reconsiderar una conversión a Roth IRA el año siguiente, un asunto que los otros profesionales no habrían planteado porque no pertenecía a su especialidad. Finalmente, el agente de seguros hizo la pregunta que nadie más habría pensado formular: ¿su cobertura de responsabilidad civil había crecido al mismo ritmo que su patrimonio? Era la misma omisión que había dejado a Víctor vulnerable cinco capítulos antes.

Conviene entender con claridad qué hace cada uno de estos profesionales. Sus funciones suelen confundirse, y esa confusión es parte de la razón por la que la coordinación falla.

El abogado de planificación patrimonial crea y mantiene la estructura legal: el Trust, el testamento, los poderes notariales y la Directiva Anticipada de Atención Médica. Comprende cómo funcionan la propiedad, el control y la autoridad legal. Un CPA o preparador de impuestos analiza las consecuencias fiscales de tus decisiones, tanto en el año actual como en los siguientes, y puede detectar problemas de coordinación como el que le costó dinero a Estela. El asesor financiero se ocupa del dinero: las inversiones, las cuentas de jubilación y el panorama financiero general. Considera tus finanzas como un sistema en movimiento, no como una transacción aislada.

El profesional de seguros evalúa y estructura la cobertura que protege todo lo que los otros tres ayudan a administrar.

Cada uno es verdaderamente experto en su propia área. Ninguno, sin embargo, está en posición de ver por sí solo el panorama completo, porque esa visión integral no forma parte de su función individual.

> ***Perspectiva de la abogada:*** *En la primera reunión con un cliente nuevo, ahora pregunto directamente: «¿Quién es tu CPA y te parece bien que me comunique con él o ella?». La mayoría se sorprende por la pregunta. Casi todos responden que sí. Quienes ya han sufrido una consecuencia inesperada suelen desear que alguien lo hubiera preguntado antes.*

No debes esperar que los integrantes de tu equipo se llamen espontáneamente entre sí. No porque sean descuidados, sino porque coordinar a los demás profesionales normalmente no forma parte del servicio específico para el que fueron contratados. La conexión tiene que comenzar en algún lugar y, en la práctica, casi siempre comienza contigo. No porque debas conocer la ley fiscal o la ley de Trusts, sino porque eres la única persona que habla con todos.

La coordinación no tiene que ser complicada. Un hilo de correo electrónico compartido, como el de Antonio, puede ser suficiente. También puedes preguntar directamente a cada profesional si ha hablado recientemente con los demás y dar seguimiento cuando la respuesta sea no. Antes de una decisión importante —vender un bien, convertir una cuenta, modificar la estructura de un negocio o recibir una suma considerable—, una conversación breve entre los integrantes de tu equipo, incluso una llamada de quince minutos, puede valer más que cualquier consejo aislado.

La venta cerró en diciembre, tal como recomendó el CPA. El Trust se actualizó antes del cierre, después de que el abogado detectara el problema.

La Umbrella Policy se ajustó esa misma semana, como sugirió el agente de seguros. La primavera siguiente, cuando Antonio y su asesor financiero se reunieron para hablar de la conversión a una Roth IRA, el asesor ya sabía lo que el CPA había hecho el año anterior, porque Antonio había mantenido la comunicación entre todos durante el proceso. El plan de Antonio no era más sofisticado que el de las demás personas de este libro. Simplemente estaba coordinado, de manera deliberada, por alguien que había decidido asumir esa responsabilidad.

¿Tu equipo es realmente un equipo?

- ¿Puedes nombrar a tu abogado, tu CPA o preparador de impuestos, tu asesor financiero y tu profesional de seguros? No basta con decir «tengo a alguien para eso»; debes saber quién es cada persona.
- ¿Al menos dos de ellos saben que los demás existen, o cada uno conoce únicamente la información que tú le has proporcionado?
- Antes de tu última decisión financiera importante, ¿algún integrante de tu equipo habló con otro sobre sus posibles consecuencias?
- Si todavía no cuentas con alguno de estos cuatro profesionales, ¿es porque realmente no lo necesitas o porque aún no has buscado a la persona adecuada?
- Si ocurriera algo importante, ¿sabrías a quién llamar primero o tendrías que comenzar a formar tu equipo en medio de la situación?

Reflexión

Piensa en la última vez que dos de tus asesores hablaron directamente entre sí sobre tu situación, sin que tú tuvieras que transmitir la información de uno al otro. Si no recuerdas una ocasión, esa es la falta de coordinación que este capítulo te invita a corregir.

La pregunta difícil

Si mañana ya no pudieras coordinar a tus asesores, ¿tu equipo sabría lo suficiente sobre los demás y sobre tu situación para mantener funcionando el plan de tu familia, o toda la coordinación existe únicamente en tu cabeza?

Capítulo 15 — El plan que perdura

Josefina firmó su primer Trust a los cuarenta y cinco años, cuando ella y su esposo sintieron que sus ahorros finalmente se habían convertido en algo que valía la pena proteger, no solo seguir acumulando. Ese día hizo todo bien: financió el Trust, nombró a sus agentes y tuvo la conversación sobre quién cuidaría de su hija menor, que entonces tenía once años.

Después hizo algo que casi nadie en este libro logró hacer desde el principio: anotó en su calendario una fecha, cinco años más adelante, para revisar todo de nuevo. No porque esperara que ocurriera algo específico, sino porque cinco años pueden cambiar mucho. Había aprendido, por la experiencia de una amiga, que los planes que nunca se revisan suelen ser los que terminan fallando.

A los cincuenta años, la revisión no reveló nada dramático: un formulario de beneficiarios de una antigua cuenta de empleo que necesitaba actualizarse y un Successor Trustee cuya información de contacto había cambiado. Eran detalles pequeños. Quince minutos con su abogado bastaron para corregirlos.

A los cincuenta y cinco, la revisión mostró algo más. Su hija menor —la que había necesitado que nombraran a un tutor cuando tenía once años— ahora tenía veintiuno, estaba casada y tenía un hijastro. Una familia reconstituida comenzaba a formarse en la siguiente generación, y necesitaba precisamente el tipo de conversación que abordé varios capítulos atrás. El plan de Josefina no tenía que cambiar por esa razón. Pero ella se aseguró de que su hija tuviera a tiempo la misma conversación que Josefina había tenido a los cuarenta y cinco.

A los sesenta, la exención federal del Estate Tax había cambiado desde que se redactó su plan original. Su abogado seguía esos cambios para que ella no tuviera que hacerlo, pero, sin una revisión, algunas disposiciones de un plan de diez años podrían haber quedado desactualizadas. A los sesenta y cinco, su esposo tuvo un problema de salud que se resolvió sin consecuencias permanentes. Aun así, las disposiciones sobre incapacidad de ambos dejaron de sentirse teóricas por primera vez.

Ninguno de esos momentos fue una emergencia. Ese era precisamente el objetivo. El plan de Josefina nunca tuvo que enfrentar una crisis para la que no estaba preparado, porque ella comprobaba periódicamente si todavía respondía a la vida que realmente estaba viviendo.

Preparar el plan y olvidarlo es el error más común en la planificación patrimonial. En conjunto, puede resultar más costoso que cualquier decisión equivocada aislada, porque no es un solo error: es lo que permite que todos los demás permanezcan ocultos. El Trust de Renata estuvo sin financiar durante tres años porque nadie lo revisó. El formulario de beneficiarios de Rubén envió doscientos mil dólares a la persona equivocada porque nadie lo revisó. El exesposo de Patricia permaneció nombrado como Successor Trustee durante cuatro años después del divorcio porque nadie lo revisó. Ninguno de esos casos fue una falla de las herramientas legales. Los Trusts funcionan. Las designaciones de beneficiarios funcionan exactamente como están redactadas. La falla, en todos los casos, fue tratar el plan como algo que se termina una vez, en lugar de algo que debe mantenerse.

Ciertos acontecimientos deben activar una revisión, sin importar la fecha que aparezca en el calendario: un nacimiento, un fallecimiento, un matrimonio, un divorcio, la compra o venta de un bien importante, una mudanza a otro estado, un cambio considerable en la salud o la transferencia de un negocio. Cualquiera de esas situaciones puede hacer que una parte del plan no solo quede desactualizada, sino que deje de ser correcta.

> ***Perspectiva de la abogada:*** *Los clientes cuyos planes siguen funcionando años después rara vez son quienes más gastaron en el primer borrador. Son quienes regresaron. No puedo ayudar a mantener actualizado un plan que nunca vuelvo a ver, por muy cuidadosamente que se haya preparado al principio.*

Josefina tiene ahora setenta y un años. Su próxima revisión ya está en el calendario, dentro de dieciocho meses, como ha ocurrido cada pocos años desde que tenía cuarenta y cinco. No espera que aparezca nada dramático. Pero ese nunca ha sido el propósito de revisar.

Las dos razones para volver a abrir el expediente

En realidad, solo hay dos razones para volver a abrir tu plan. Todo lo demás suele ser evasión o ruido.

La primera es un acontecimiento que cambia tu vida: un nacimiento, un fallecimiento, un matrimonio, un divorcio, la compra o venta de un bien importante, una mudanza a otro estado, un cambio serio en la salud o la transferencia de un negocio. Cualquiera de ellos puede hacer que una parte de tu plan deje de ser correcta, no solo que quede desactualizada. Por eso, cualquiera es razón suficiente para revisarlo, sin importar cuándo fue la última vez.

La segunda es más sencilla y más fácil de ignorar: el paso del tiempo. Aunque no haya ocurrido nada dramático, entre tres y cinco años pueden bastar para que la ley cambie silenciosamente y para que el plan deje de reflejar la vida que tienes hoy: las personas que elegirías ahora, no las que elegiste entonces.

Si no puedes señalar uno de esos dos motivos —un acontecimiento concreto o una fecha real en el calendario—, ya tienes la respuesta. Es hora de revisar el plan.

Reflexión

Mira de nuevo los capítulos de este libro y observa lo que todos tienen en común. Nunca se trató realmente del Trust, del poder notarial ni del formulario de beneficiarios. Se trató de una decisión tomada una vez que después tuvo que sobrevivir al contacto con una vida real y cambiante. El plan que perdura no es necesariamente el que se redactó con mayor cuidado. Es aquel al que alguien siguió regresando.

La pregunta difícil

El momento que te trajo a este libro —el acuerdo, la venta, la herencia o décadas de ahorro— fue un acontecimiento puntual. ¿El plan que construyas a partir de ahora será también una sola decisión, o será un compromiso continuo?

Epílogo — Responsabilidad, no miedo

La cocina de María es diferente ahora. No la habitación en sí —la misma mesa, la misma ventana sobre el fregadero, la misma taza astillada en el escurridor casi todas las mañanas—, sino lo que sucede en ella. Once meses después de permanecer allí, con la taza de café de su mamá en la mano y sin saber cuál sería el siguiente paso, se sentó a esa misma mesa con sus dos hijos, de diecisiete y veinte años. Les explicó con claridad lo que había aprendido: dónde estaban los documentos importantes, a quién debían llamar y qué quería que ocurriera si algún día le pasaba algo parecido a lo que le había ocurrido a su mamá. Su hijo le preguntó si eso significaba que algo andaba mal. María le respondió que no. Significaba precisamente lo contrario.

Nada de este libro se ha tratado realmente de los documentos. Un Trust es un contenedor. Un poder notarial es una autorización para actuar en nombre de una versión de ti que ya no puede hablar por sí misma. Un formulario de beneficiarios es una instrucción archivada discretamente que algún día puede importar más que casi cualquier otra cosa que hayas firmado. Pero ninguno de esos documentos tiene sentido sin la decisión que lo sostiene: la elección real, específica y, a veces, incómoda sobre en quién confías, qué les debes a los demás y qué quieres que ocurra con las personas y los bienes que has pasado toda una vida protegiendo, cuando ya no seas tú quien pueda encargarse de ellos.

Esa decisión no aparecerá por sí sola. Debe tomarla alguien dispuesto a enfrentar preguntas que la mayoría prefiere evitar: ¿quién criará a tus hijos si tú no puedes hacerlo? ¿Quién hablará por ti si ya no puedes expresar tus deseos? ¿Qué pasará con el negocio, la casa o la cuenta de jubilación que construiste durante cuarenta años cuando la familia de dentro de diez años ya no se parezca a la de hoy?

No abriste este libro porque quisieras más papeleo. Lo abriste porque algo cambió y ese cambio hizo que los documentos parecieran urgentes. Sin embargo, lo que necesitabas debajo de esa urgencia nunca fue solamente un documento. Era una estrategia: una respuesta meditada, coordinada y viva sobre lo que realmente exige proteger a las personas que amas. Una respuesta construida por ti, revisada por ti y lo suficientemente sólida para acompañar las partes de tu vida que todavía no puedes imaginar.

Nada de esto pretende asustarte para que actúes. El miedo hace que las personas firmen con prisa, y la prisa rara vez produce buenas decisiones. Lo que este libro te pide es atención: la misma atención constante que Josefina dedicó a su plan cada pocos años durante décadas. La misma atención que María está enseñando a sus hijos en esa mesa de cocina. No miedo. Responsabilidad.

Esta noche no necesitas otro documento. Necesitas saber con claridad lo que realmente quieres. Cuando estés listo, el documento adecuado será simplemente la manera de dejar constancia de esa decisión.

Empieza por ahí.

Cada generación recibe algo de la anterior. No solo dinero o bienes, sino la calidad de las decisiones que otras personas tomaron en su nombre. Decisiones de quienes comprendieron que el amor, cuando mira lo suficientemente lejos hacia el futuro, se convierte en responsabilidad. Eso es lo que este libro te ha pedido. No que te alejes de las personas que amas al planificar para un día en que ya no estarás, sino que permanezcas presente en sus vidas durante más tiempo del que tu propia vida permite: mediante una decisión tomada con cuidado, mucho antes de que llegue el momento en que sea necesaria.

Notas y fuentes

Las historias de este libro son composiciones ficticias, pero los principios legales y fiscales que ilustran son reales. Esta sección identifica las principales autoridades en las que se apoyan las afirmaciones jurídicas, fiscales y regulatorias de cada capítulo. No incluye observaciones narrativas, reflexiones ni comentarios editoriales, sino únicamente proposiciones en las que un lector podría confiar razonablemente. Las leyes, los límites y las cifras cambian. Cada nota refleja el derecho vigente a la fecha de publicación y debe volver a verificarse antes de utilizarse.

Capítulo 2 — ¿Por qué un Trust y no solo un testamento?

La remuneración estatutaria por los servicios ordinarios del representante personal y del abogado de la sucesión se calcula como un porcentaje del valor tasado del patrimonio conforme a los artículos 10800 y 10810 del Código de Sucesiones de California (Cal. Prob. Code). Los procedimientos simplificados aplicables a ciertos patrimonios y a una residencia principal se encuentran en los artículos 13100–13116 —declaración jurada de bienes personales—, 13200 —bienes inmuebles de bajo valor— y 13151 —petición relativa a la residencia principal, incorporada por la AB 2016 y vigente desde el 1 de abril de 2025—.

Capítulo 3 — ¿Quién decide cuando tú no puedes?

Los requisitos de otorgamiento de un poder notarial válido en California se encuentran en los artículos 4121 y 4122 del Código de Sucesiones. La revocación automática de la designación de un excónyuge como agente, después de la disolución o anulación del matrimonio, se rige por el artículo 4154 del mismo código.

Capítulo 4 — Tu voz en la sala en la que no estás

La selección de una persona autorizada para tomar decisiones de atención médica cuando no existe un agente previamente nombrado se rige por el artículo 4712 del Código de Sucesiones de California. Los requisitos de otorgamiento de una Directiva Anticipada de Atención Médica válida aparecen en los artículos 4673 y 4674. La designación de un excónyuge como agente de atención médica se revoca automáticamente después de la disolución o anulación conforme al artículo 4697. En el ámbito federal, las protecciones de privacidad y la figura del «representante personal» se regulan en 45 C.F.R. § 164.502(g); véanse también las directrices del Departamento de Salud y Servicios Humanos de Estados Unidos sobre representantes personales.

Capítulo 5 — Los errores silenciosos

Los planes de jubilación patrocinados por un empleador que están sujetos a las reglas de anualidad conjunta y consentimiento del cónyuge se rigen por 29 U.S.C. § 1055; el alcance de los planes cubiertos se define en el inciso (b). Las cuentas IRA generalmente no están sujetas a ese marco. Los principios de bienes gananciales de California que afectan a los bienes matrimoniales o titulados conjuntamente se rigen, en términos generales, por las disposiciones correspondientes del Código de Familia.

Capítulo 6 — Cuando la familia y el dinero se cruzan

La exclusión anual federal del impuesto sobre donaciones para 2026 — 19 000 dólares por beneficiario— y la exclusión básica vitalicia —15 000 000 de dólares por persona— reflejan la guía vigente del IRS y están sujetas a cambios. Los requisitos de presentación del Formulario 709 se derivan de 26 U.S.C. § 6019. Los préstamos sin intereses o con una tasa inferior a la del mercado, incluido el tratamiento fiscal de los intereses no cobrados, se rigen por 26 U.S.C. § 7872 y reciben un tratamiento distinto según el tipo, monto, plazo y propósito del préstamo. Existe una excepción de minimis de 10 000 dólares para ciertos préstamos por donación, pero no se aplica cuando uno de los propósitos principales es evitar impuestos o cuando los fondos se utilizan para adquirir activos que producen ingresos.

Capítulo 7 — Cómo reconocer a quienes buscan aprovecharse de ti

El abuso financiero de una persona mayor o de un adulto dependiente, así como los recursos civiles disponibles, se define en el artículo 15610.30 del Código de Bienestar e Instituciones de California. El registro de un profesional de inversiones puede verificarse mediante FINRA BrokerCheck.

Capítulo 8 — Cuando las relaciones cambian

La revocación automática de ciertas disposiciones testamentarias a favor de un excónyuge se rige por el artículo 6122 del Código de Sucesiones de California. La revocación automática de determinadas transferencias fuera del Probate, con excepciones expresas como el seguro de vida, se rige por el artículo 5040. La revocación del excónyuge como agente bajo un poder notarial y como agente de atención médica se rige, respectivamente, por los artículos 4154 y 4697; véanse también los capítulos 3 y 4. El efecto de estas reglas sobre el nombramiento de un excónyuge como Successor Trustee en un Trust revocable independiente no está resuelto de manera uniforme por esos estatutos y depende del texto del Trust y de la ley aplicable. Este libro no adopta una posición sobre esa cuestión, y la narración del capítulo 8 está construida de manera que su conclusión no dependa de ella.

Capítulo 9 — Demandas, responsabilidad civil y el papel de los seguros

La Homestead Exemption de California se rige por el artículo 704.730 del Código de Procedimiento Civil. El monto protegido está vinculado al precio mediano de venta de una vivienda unifamiliar en el condado durante el año calendario anterior, sujeto a un mínimo y un máximo establecidos por ley. Un Living Trust revocable no protege los bienes frente a los acreedores del otorgante durante su vida, porque este conserva el poder de revocar el Trust y recuperar los activos. Las transferencias realizadas con la intención real de obstaculizar, demorar o defraudar a un acreedor, o sin recibir un valor razonablemente equivalente mientras el deudor es insolvente, se rigen por la Ley Uniforme de Transacciones Anulables de California, artículo 3439.04 del Código Civil; la defensa del cesionario de buena fe aparece en el artículo 3439.08.

Capítulo 10 — Cómo entender el panorama fiscal

La exclusión básica federal del Estate Tax y del impuesto sobre donaciones para 2026 es de 15 000 000 de dólares por persona. La Portability de la exclusión no utilizada del cónyuge fallecido generalmente exige presentar oportunamente una declaración federal de Estate Tax. El Revenue Procedure 2022-32 del IRS ofrece un método simplificado para ciertas elecciones tardías de Portability cuando el patrimonio no estaba obligado por otra razón a presentar la declaración. El Step-Up in Basis de los bienes heredados, incluido el ajuste completo que puede corresponder a ciertos bienes gananciales en California, se deriva de 26 U.S.C. § 1014. California no impone un Estate Tax ni un Inheritance Tax estatal separado. Sin embargo, un patrimonio o un Trust puede tener que presentar la declaración fiduciaria de Income Tax de California mediante el Formulario 541 si alcanza los límites de ingreso bruto o neto establecidos por la Franchise Tax Board. Las reglas sobre distribuciones obligatorias de cuentas de jubilación heredadas cambiaron sustancialmente con la SECURE Act y fueron aclaradas por las regulaciones finales del IRS emitidas en 2024, T.D. 10001. Este libro no expone la mecánica vigente en detalle porque puede cambiar y generar sanciones; debe confirmarse con un profesional fiscal cuando ocurra la herencia.

Capítulo 11 — Familias reconstituidas

Un hijastro no hereda automáticamente de su padrastro o madrastra bajo las reglas de sucesión intestada de California únicamente por la relación familiar. California reconoce excepciones legales y equitativas limitadas, entre ellas la doctrina estatutaria del artículo 6454 del Código de Sucesiones —cuando la relación comenzó durante la minoría de edad, continuó durante la vida de ambas personas y existe prueba clara y convincente de que el padrastro o la madrastra habría adoptado de no existir un impedimento legal— y la doctrina judicial de adopción equitativa preservada por el artículo 6455. Véase también *Estate of Martino* (2023) 96 Cal.App.5th 596.

Capítulo 12 — Planificación para la próxima generación

La determinación de si un Trust cuenta como recurso disponible para la elegibilidad de SSI, y el tratamiento de sus distribuciones, se rige por el Program Operations Manual System —POMS— de la Social Security Administration, principalmente SI 01120.200 —Special Needs Trusts de terceros— y SI 01120.201 —tratamiento de las distribuciones—. Este libro aborda únicamente los Special Needs Trusts de terceros financiados con bienes de los padres. Los Special Needs Trusts de primera parte o autoconstituidos, sujetos a una autoridad legal distinta y a requisitos de reembolso de Medicaid, son una herramienta diferente que no se analiza aquí.

Capítulos 13–15

Los capítulos 13 a 15 ofrecen orientación práctica sobre estructuras de sucesión empresarial, funciones profesionales y procesos de revisión. No presentan nuevas proposiciones jurídicas materiales que requieran fuentes adicionales a las ya citadas en los capítulos anteriores.

Escanea el Código QR para más información

www.protegeloquehasganado.com

www.ingramcontent.com/pod-product-compliance
Lightning Source LLC
LaVergne TN
LVHW020235210926
848481LV00016B/2332